KOLONIAAL DODENKABINET

KONINKLIJK INSTITUUT
VOOR TAAL-, LAND- EN VOLKENKUNDE

KOLONIAAL DODENKABINET

samengesteld door
SIRTJO KOOLHOF
en
GERT OOSTINDIE

KITLV Uitgeverij
Leiden
2003

Uitgegeven door:
KITLV Uitgeverij
Koninklijk Instituut voor Taal-, Land- en Volkenkunde
Postbus 9515
2300 RA Leiden
website: www.kitlv.nl
e-mail: kitlvpress@kitlv.nl

Omslag: Creja ontwerpen, Leiderdorp

ISBN 90 6718 212 5

© 2003 Koninklijk Instituut voor Taal-, Land- en Volkenkunde
No part of this publication may be reproduced or transmitted in any form or by any means, electronic or mechanical, including photocopy, recording, or any information storage and retrieval system, without permission from the copyright owner.

Printed in the Netherlands

Inhoud

Woord vooraf   9

'De ruwe zeden dezer wilden'

António Galvão
   Zeden van de Molukken en Oost-Java, circa 1538   17

Robertus Padtbrugge
   Beschrijving der zeden en gewoonten van de bewoners
   der Minahassa, 1679   19

François Valentijn
   Kannibalisme en wraak op de Ambonse eilanden, 1687   22

Tijdschrift voor Nederlandsch Indië
   De dood van Georg Müller, 1825   27

R. Friederich
   Een feest in Gianjar op het eiland Bali, 1847   35

Tëmeta Wetaru
   De les van Kunawaruku
      Een waarschuwing tegen witte mensen, eind 20e eeuw   41

Verzet en koloniaal geweld

Aphra Behn
   Oroenoko of de koninklijke slaaf, circa 1660   49

Tebini, Kála en Otjútju
   Marrons nemen wraak, 1690   54

Anoniem
De Chinezenmoord in Batavia, 1740   57

John Gabriel Stedman
Excessen van de Surinaamse slavernij, circa 1774   64

Philip Phoel
De Curaçaose slavenopstand, 1795   70

Q.M.R. Verhuell
De dood van Thomas Matulesia en Martha Christina
Tiahahu, 1817   82

Koloniaal Verslag
Opstand van contractarbeiders neergeslagen,
Mariënburg, 1902   88

I Mallaq Daéng Mabéla Arung Manajéng
Sex, geweld en poëzie in Zuid-Celebes, 1905   92

H.M. van Weede
De puputan in Badung, 1906   98

Wekker
Vrede en orde op Atjeh, 1907   113

W. Bieshaar
De moord op zendeling Van de Loosdrecht, 1917   120

De Banier van Waarheid en Recht
Rellen in Paramaribo rond Anton de Kom, 1933   128

J.E. Stulemeyer
De moorden van Fort Zeelandia, 1942   136

L.J.E. Laan-Von der Oelsnitz
De bersiap-periode, 1945   141

Idrus
Surabaja, 1945   145

D.N. Aidit
De executie van Amir Sjarifuddin en zijn kameraden, 1948   150

Moorddadige natuur

António Galvão
    Verwoestende epidemie op de Molukken, 1534   157

Johann Sigmund Wurffbain
    Reuzenslang op de vulkaan Gunung Api, 1638   158

G.E. Rumphius
    De schrickelijke aerdbevinge, 1674   160

R.J.L. Kussendrager
    Het gebrul van de tijger, 1824   164

A. Copijn, Julius E. Muller, C. Hoekstra
    Een rampzalig mislukte poging tot kolonisatie
        in Suriname, 1845   168

Anoniem
    De uitbarsting van de Krakatau, 1883   174

M.Th. Hijlaard
    Gele koorts, circa 1900   181

Moord en doodslag

Anoniem
    Muiterij op de Batavia, 1629   187

G.B. Bosch
    Een moord op Aruba, circa 1825   192

P.A. Daum
    De terechtstelling van Wangsa, 1889   199

Thérèse Hoven
    Vrouwen lief en leed onder de tropen, 1896   206

Henri van Wermeskerken
    Het einde van Gramser Brinkman, 1915   212

Woord vooraf

Nooit eerder in ruim anderhalve eeuw van publiceren deed het Koninklijk Instituut voor Taal-, Land- en Volkenkunde (KITLV) zo'n morbide boekje verschijnen als dit *Koloniaal dodenkabinet*. Enige toelichting is daarom vereist. Allereerst de directe aanleiding. Die is eenvoudig. Sinds 1992 geeft het KITLV jaarlijks een boekje uit ter gelegenheid van de Boekenweek, waarin het thema van dit Nederlandse festijn wordt vertaald naar het werkterrein van het instituut, de voormalige Nederlandse koloniën en hun omgeving. Dit jaar is gekozen voor het thema 'De dood'. Vandaar de opgave een uitgave samen te stellen over dit weinig opwekkende thema.

Uiteindelijk kozen wij voor een bloemlezing met fragmenten over de dood in de voormalige koloniën. Geografisch beperkten wij ons tot de drie koloniën die het langst onder Nederlands gezag stonden, het huidige Indonesië, Suriname en de Antilliaanse eilanden. Als begrenzing in de tijd hielden wij de koloniale periode aan. Die werd voor 'Indië' in 1945 afgesloten, ten minste vanuit Indonesisch perspectief; het duurde tot 1949 voordat ook Nederland zich hierbij formeel neerlegde. Voor de voormalige Caraïbische koloniën kwam het kolonialisme althans formeel ten einde met de proclamatie van het Statuut van het Koninkrijk der Nederlanden, in 1954, dat Suriname en de Antillen interne autonomie verleende.

In *Koloniaal dodenkabinet* hebben wij vierendertig fragmenten bijeengebracht. Een enkele uitzondering daargelaten zijn het steeds verhalen van ooggetuigen, door henzelf of uit hun mond opgetekend, soms onmiddellijk, soms jaren later. Het behoeft geen betoog dat de waarnemingen en herinneringen van dergelijke 'ooggetuigen' niet voetstoots als 'waar gebeurd' kunnen worden gelezen. De lezer zij gewaarschuwd voor de vrijwel onvermijdelijke vertekeningen voortvloeiend uit overdrijving, laatdunkendheid, onkunde of een al te rijke fantasie. Dit neemt niet weg dat wij in de regel gebruik hebben kunnen maken van beschrijvingen van ware gebeurtenissen. Slechts een enkele keer namen wij onze toevlucht tot uitdrukkelijk letterkundige fictie of verhalen uit mondelinge tradities.

De wereldgeschiedenis wordt wel beschreven als een lange aaneenschakeling van gewelddadigheden. Bezien vanuit deze eenzijdige invalshoek vormt de Nederlandse koloniale geschiedenis bepaald geen uitzondering. Onthutst verhaalden de eerste ontdekkingsreizigers en kolonisten over de gewelddadige gewoonten die zij aantroffen in wat spoedig Nederlandse bezittingen zouden zijn. Om die kolonisatie mogelijk te maken en vervolgens hun macht blijvend te vestigen, namen zij hun toevlucht tot 'legitiem geweld' dat niet zelden neerkwam op brute onderdrukking. Van deze twee thema's was het eerste eeuwenlang het meest populaire in het Nederlandse beeld van de koloniën, terwijl sinds de dekolonisatie juist het thema van koloniaal geweld en het verzet daartegen het meest tot de verbeelding spreekt.

Het grootste deel van *Koloniaal dodenkabinet* is gewijd aan deze twee thema's. Daarnaast zijn echter twee andere rubrieken opgenomen. In 'Moorddadige natuur' is een zevental verhalen opgenomen over de majestueuze maar vaak ook wrede natuur, die met aardbevingen, vulkaanuitbarstingen, roofdieren en vooral vreselijke ziektes talloze slachtoffers maakte. In 'Moord en doodslag' wordt de aandacht gericht op een crime passionel, op individuele geweldsdelicten en de bestraffing hiervan. De indeling is, wij haasten het te zeggen, enigszins arbitrair. De moord door de Arubaanse slaaf Johannes op zijn meester kan worden gelezen als een ordinaire moord, maar een andere lezing kan in Johannes een solitaire strijder tegen de slavernij zien. Evenzo kan het relaas over de terechtstelling van Wangsa eenvoudig worden gelezen als een aangrijpende rapportage van verslaggever P.A. Daum in Batavia, maar ook als een aanwijzing dat de koloniale rechtspraak wel heel gemakkelijk omging met de ontkennende verklaring van een Javaan.

Het eerste deel van dit boek, 'de ruwe zeden dezer wilden' – een frase ontleend aan het relaas over de moord op Georg Müller – biedt een vijftal stukken waarin met al dan niet onderdrukte afschuw wordt verteld over bepaalde zeden en gewoonten van Indonesische volken. We lezen hier oude verhalen van pioniers als R. Padtbrugge, F. Valentijn en R. Friederich over koppensnellers, kannibalen, over weduweverbranding en bloedige vendetta's – fenomenen waarvan het uitroeien in kringen van het koloniaal gezag, de wetenschap, zending en missie vaak werd aangemerkt als opgave én rechtvaardiging voor het kolonialisme. Een mooi contrapunt vormt het zesde verhaal, uit de mondelinge overlevering van de Trio-Indianen in Suriname, waarin juist de witte indringers als kannibalen worden opgevoerd.

Vrijwel onvermijdelijk heeft toch het merendeel van de verhalen betrekking op 'Verzet en koloniaal geweld'. Hier is een enkel waarschijnlijk fictief verhaal opgenomen, met name de in Suriname spelende, gruwelijk verlopen zeventiende-eeuwse romance van Oroenoko. Hoofdmoot vormt echter een vijftiental beruchte episodes uit de koloniale geschiedenis, zoals de Chinezenmoord van Batavia in 1740, de Surinaamse slavernij rond 1775, de Curaçaose slavenopstand van 1795, de gewelddadige 'pacificatie' van Atjeh en

Bali in het begin van de twintigste eeuw en ten slotte de afsluiting van het kolonialisme in Indië in de *bersiap*-periode. Het *Koloniaal dodenkabinet* wil geen obligaat *j'accuse* zijn, maar in deze fragmenten wordt het onontkoombaar wel een huiveringwekkend memento bij drieëneenhalve eeuw Nederlandse aanwezigheid in 'Oost en West'.

Bewust hebben wij afgezien van de mogelijkheid ook fragmenten op te nemen over rituelen rond de dood. Overigens lag de gemaakte keuze voor vier rubrieken ons inziens voor de hand. Over de keuze van fragmenten binnen elk daarvan kan worden getwist. Wij hebben getracht het midden te houden tussen de criteria van een zekere representativiteit en leesbaarheid voor een eenentwintigste-eeuwer. Daarnaast kampten wij uiteraard met beperkingen in de sfeer van de beschikbaarheid van aansprekende fragmenten over belangrijke episodes en van de gewenste omvang van het boek. Het *Koloniaal dodenkabinet* dat wij uiteindelijk samenstelden beoogt in goed leesbare, soms verrassende, soms ontstellende fragmenten een beeld te geven van drieëneenhalve eeuw Nederlands kolonialisme in 'Oost en West'. Volledigheid kon daarbij geen criterium zijn.

Ieder fragment wordt kort ingeleid. Ook hier geldt dat wij hebben gekozen voor een enigszins afstandelijke toon, die aan de lezer zelf ruimte laat te oordelen over de gebeurtenissen die worden beschreven en het in onze ogen vaak onthutsende commentaar van de auteurs. In onze rol van samenstellers hebben wij ervoor gekozen respect voor de doden uit het koloniale verleden niet te laten doorgalmen in gemoraliseer naar de hedendaagse lezer; ook dat is respect.

Een opmerking over spelling en interpunctie. Van de opgenomen fragmenten hebben wij de oorspronkelijke spelling gehandhaafd. Wel zijn stilzwijgend stilistische correcties van ondergeschikte aard aangebracht. Interpunctie en opmaak zijn zoveel mogelijk uniform gemaakt. Redactionele correcties, toevoegingen of toelichtingen van enig belang worden tussen vierkante haken [...] aangegeven.

Overigens zijn vrijwel alle in *Koloniaal Dodenkabinet* afgedrukte fragmenten ontleend aan boeken en tijdschriften die te raadplegen zijn in de onvolprezen bibliotheek van het KITLV, die 's werelds grootste collectie van gedrukten over Nederlands voormalige koloniën herbergt.

Rest een woord van dank aan collega's en vrienden die ons in de zoektocht naar passende verhalen hielpen: Peter Boomgaard, Clara Brakel, Eithne Carlin, Freek Colombijn, Kees van Dijk, Marjan Groen, Rosemarijn Hoefte, Rini Hogewoning, Michiel van Kempen, Bregtje Knaap, Cees Koelewijn, Mark Loderichs, Vilan van de Loo, Ellen Ombre, Harry Poeze, Jan van der Putten, Wim Rutgers, Henk Schulte Nordholt, Ellen Sitinjak, Frits Sollewijn Gelpke, Fridus Steijlen, Gerard Termorshuizen, Roger Tol.

Moeten wij er nog op wijzen dat deze 21ste-eeuwse raadgevers, evenmin overigens als de samenstellers van deze bundel, verantwoordelijk kunnen worden gehouden voor de verhalen en meningen van de sprekers en schrijvers uit voorgaande eeuwen die in dit *Koloniaal Dodenkabinet* de revue passeren? Hierbij dan.

'De ruwe zeden dezer wilden'

ANTÓNIO GALVÃO
Zeden van de Molukken en Oost-Java, circa 1538

De oudste berichten over de Indonesische archipel zijn afkomstig van Portugese ontdekkingsreizigers en militairen. António Galvão was gouverneur van Ternate van 1536 tot 1539. Hij is waarschijnlijk de auteur van de Verhandeling over de Molukken, *die een levendige beschrijving geeft van de geschiedenis, de natuur en het dagelijks leven de Molukken en ook in andere delen van het eilandenrijk. In de volgende fragmenten over gewelddadige gebruiken lopen beschrijving en interpretatie vrijwel onontwarbaar door elkaar.*

In geval van overspel doden zij de vrouw zonder aarzeling en de bevriende man eveneens. Ze zeggen, dat mannen van de laagste kaste hun vrouwen mogen verkopen zelfs als ze kinderen van hen hebben. En die zijn talrijk, want in deze streken vermenigvuldigen ze zich nog sneller dan de Israëlieten in Egypte. Ze houden zich goed aan dit gebod, zonder dat daar onvruchtbare, verdorven of liederlijke vrouwen van komen. Er zijn hier geen vrouwen, die zich voor geld geven, en ze behouden hun maagdelijkheid ten minste tot ze zestien jaar zijn en ten hoogste tot twintig of vijfentwintig. Hoewel ze tussen mannen rondlopen, en altijd bijna naakt, blijven ze toch zeer kuis en ingetogen, wat tussen zo'n losbandig volk iets onmogelijks lijkt. Ze zijn prijzenswaardig en een voorbeeld voor ons.

Enkele voorbeelden wil ik hier geven, hoewel misschien bescheiden van kwaliteit en kwantiteit.

Een hofdame van Koning Boleife van Ternate [1500-1521], die tegen haar wil tot een huwelijk werd geprest, zei dat ze zich eerder in een steile afgrond zou gooien, van een rots Batu Tinggi genaamd, dicht bij de zee. De koning gaf haar spottend toestemming. Ze deed wat ze gezegd had en vermorzelde haar lichaam. Ze wilde liever sterven dan haar kuisheid bezoedelen. En ze is niet de enige van wie men dit kon vertellen.

In Panarukan, een stad in Java, was een zuster van de koning gehuwd met een van zijn kapiteins-generaal, een hoogbejaarde man. Hij stierf en zij, een mooie jonge vrouw, bleef achter. Nu zonder echtgenoot, verkoos ze het oude gebruik te volgen, dat vrouwen van adel de vuurdood ingaan. Het volk, de edelen, en haar broer wilden haar van haar voornemen afbrengen en daar de koning in Blambangan was, zond hij haar de kroonprins, een jongere prins en de plaatselijke notabelen met deze opdracht. Maar zij bereikten niets. Toen kwam de Koning zelf om haar te overreden, zeggende dat wegens het grote leeftijdsverschil haar overleden echtgenoot haar eerder ten huwelijk was geleend dan gegeven, en dat hij haar een andere man zou geven van de rang, adel en waarde die zij wenste en haar toekwamen. En hij zei nog meer en hij en zijn gevolg waren in tranen. Ze antwoordde met de vraag: hoe kon hij van haar verlangen een misstap te begaan waarop vrouwen van lagere rang ernstige kritiek zouden hebben? God beware haar, zijn zuster en van zo hoge afkomst, ervoor iets te doen dat zo'n smaad zou nalaten. De koning zag haar vastbeslotenheid en keerde terug naar Blambangan. Zij en haar dienaressen smukten zich op en beëindigden onder muziek, gezang, feest en vreugde hun leven. Dit was nog geen week geleden toen wij de haven binnenvoeren.

De Molukkers gebruiken werpspiesen die op harpoenen lijken, en die ze *turana* noemen; er zijn lange sleuven in gemaakt en aan de top van de schacht binden ze een koord vast dat eerst naar de punt terugloopt en dan aan hun arm wordt gebonden. Het koord is lang, en ze houden het opgerold in hun hand, en als ze de spies werpen, laten ze het koord meegaan. En als hij doel treft, trekken ze het slachtoffer naar zich toe en snijden hem zijn hoofd af, of nemen hem

gevangen als ze hem levend in handen krijgen.
 Ze voeren altijd oorlog, en met plezier; het is hun leven en hun middel van bestaan. Ze doden en vangen elkaar: vaders hun zonen, broers hun broers. Ze ontzien elkaar nooit en snijden onmiddellijk het hoofd van de ander af. Ze hangen het met het haar om hun nek, duwen iets in de strot zodat de tong uit de mond steekt en smeren het bloed over hun eigen borst en handen. En dan gaan ze zich aan hun koningen en hoofden tonen om eer en gunst te ontvangen. En daarna huilen ze.

ROBERTUS PADTBRUGGE
Beschrijving der zeden en gewoonten van de bewoners der Minahassa, 1679

De dienaren van de VOC die in Indië in aanraking kwamen met de voor hen vreemde gewoonten van de plaatselijke bevolking gaven van die gewoonten vaak levendige beschrijvingen. In vrijwel al die beschrijvingen kwam de wijze van oorlogvoering aan de orde. Robertus Padtbrugge, gouverneur van Ternate van 1677 tot 1680, reisde in die hoedanigheid naar het noordelijk schiereiland van het eiland Celebes, de Minahasa, dat onder zijn gouvernement viel. Op deze reis hield hij een journaal bij waarvan fragmenten pas in 1866 zouden worden gepubliceerd. In het hierna volgende beschrijft hij op beeldende wijze de manier waarop de plaatselijke bevolking oorlog voert en wat er met de slachtoffers van de strijd gebeurt.

Sommigen zijn voorzien met pieken, doch weinig met schietgeweer, hetwelk zoo zij het al medenemen, is het meer om door het geschiet te verbazen dan te beledigen, alzoo de musketten niet aanleggen voor de borst maar in de eene hand vasthouden, en steken met den anderen hand den brand in, waardoor het musket hen meermalen uit den vuist springt.
 In het aanvallen schreeuwen en razen zij ijsselijk, huppe-

len en springen in het honderd, elk naar zijn welgevallen en niet naar de kunst of wapenoefening van de oost; wrijvende gedurig den eenen arm over den anderen, dat met die metalen armringen een schel en vreemd geluid en geraas geeft, waaronder zij eenige doffe trommels hebben, hetwelk alles onder den anderen zeer schor en wreed, om te hooren is.

Zoo wanneer zij overwinnaars blijven en de overhand behouden, zoo keeren zij met groot geroep en gejuigh weder naar hun dorp, nemende ieder de bekomene hoofden mede, stekende door den mond en strot een rottan en hangen die dusdanig om haar hals, waarmede zij langs de straat met ijsselijk geroep en getier slingeren.

Dan rigten zij verders groote maaltijden aan, daar zij hunne vrouwen en dochters dansen laten, en worden zij onderwijl op de borst, armen of beenen daar nog plaats is, met zoo veel hoofden beschilderd, als zij in den oorlog bekomen hebben.

Doch zoo de man zijn ligchaam van voren al vol van zulke schilderijen is, zoo wordt het aan zijn vrouw gedaan, die daarmede ongemeen mooi en opgepronkt is; zij kooken de hoofden dan verders, doch eeten daar niet meer af dan de spieren van de wang en de oogen, zoodat zij in het geheel geen volkomen menscheters mogen genaamd worden. Sommige, doch weinige om als hun dapperheid en onvertzaagdheid te toonen, nemen ook wel een bout daar af mede, dewelke zij dan kooken of braden naar hun welgevallen en daaraf al vrij graag smullen. Het haar en bekkeneel, benevens de pot daar het in gekookt is, worden onder den luifel, tot een gedachtenis in het openbaar opgehangen. Die geen hoofden bekomen hebben, vermogen ook geen rood te dragen, waaraan de helden mede te kennen zijn; want er velen zijn die onder hun tweeën, ja drieën één kop hebben gekregen, en ontstaan hier immers zoo zware verschillen uit, als onder onze Groenlandsvaarders over een walvisch. Bijaldien het genoegzaam blijkt dat er twee of meer tot een kop geregtigd zijn, zoo deelen zij dien broederlijk onder den anderen, zelfs ook de tanden om hun namaals tot cieraat te dienen.

De overwonnenen blijven den overwinnaars geheel onderdanig en moeten naar derzelver pijpen dansen, behoudende niet anders dan hunne padi [rijstplanten], die zij in huis hebben, doch die op het veld staat wordt vernield; dragende hierin eene bijzondere zorg, dat zij de opgeleide padi niet vernielen, en daardoor zoo zullen zij ook elkanders dorpen niet in den brand steken, hetgeen meest door de Europeanen, zoo wanneer er eenige onder gemengd zijn, geschiedt. Vrouwen en kinderen eindelijk nemen zij gevangen dewelke echter daarna, wanneer weder bevredigd zijn, ligtelijk te lossen zijn; tegen iets anders ruilen of ook wel in het geheel vrij geven; doch mannen hoe oud ook of jongelingen slaan zij allen dood, die zij krijgen kunnen en het niet ontvlugten.

Verders bestaat de buit meest in hoofden als gezegd is, haar, armen, beenen, die zij opdroogden en almede te pronk hangen; verroeste degens, onbekwame musketten en verder geweer, potten, schotels, tafelborden, armringen, trommels enz.; behoudende een ieder het geene bij hem bekomen is.

Doch tot zulk openbare treffinge in het veld komen zij zelden en als zulks eens geschiedt, daar af gewaagt al het omleggende land, maar meest moeskoppen zij en beloeren elkander bij nacht ter sluik en in het duister, zoodat meest de onnoozelen het gelag moeten betalen. Want zij bekruipen die geene die zij weten in hunne zaaivelden ergens aan een kanten bezig zijn – die meesttijd op de verre afgelegenheid van hunne tuinen steunen – al zouden zij twee, drie en meerder dagen daar rondsom heenen gluipende, op dezelve loeren, tot dat zij die in een slaap verrassen, in welk geval ook noch vrouw, noch kinderen sparen, zijnde zeer wreed over de overwonnenen.

FRANÇOIS VALENTIJN
Kannibalisme en wraak op de Ambonse eilanden, 1687

De vroege Europese reizigers naar exotische oorden waren gefascineerd door het fenomeen dat mensen (delen van) hun medemensen opaten. Vele berichten daarover sieren de reisverslagen die in de loop van de eeuwen van de drukpersen zijn gerold. Of hun verslagen altijd een goede weergave waren van de realiteit in de gebieden die zij bezochten is de vraag. Afgezien van het waarheidsgehalte leveren die verslagen wel aantrekkelijke verhalen op die gezien de oplages van die boeken, de nieuwsgierigheid van het lezerspubliek – vroeger, maar ook nu – prikkelden. Het relaas van dominee François Valentijn, die de ervaringen van onder meer zijn verblijf aan het einde van de zeventiende eeuw in Ambon te boek stelde, was zo'n sensationeel verhaal.

Zy waren toen ook gewoon, hunne vyanden niet alleen te rooven, maar de zelve verslaagen zynde, zeer graag op te kluiven, dat zy nog wel in onze eerste tyden gedaan hebben, hoewel zy nu, Christenen zynde, zich daar van geheel onthouden, 't geen egter niet belet, dat de oude aart, nu en dan nog wel eens boven gekomen, en dit nog wel, terwyl zy Christenen waren, zelf maar weinig jaar geleden, voorgevallen, is.

Het heugt my, dat ik in 't jaar, 1687, eenen Latoe Lori, koning van Titaway, een man van 60 jaaren, heb hooren zeggen, dat hy in zyn jeugt vele van zyn vyanden niet alleen gedood, maar ook menigen kop van hen op koolen gebraden, en meenig lekker beetje menschen-vleesch gegeeten had. Op dit verhaal, nam ik de vryheid van hem te vragen, of 't menschen-vleesch, lekkerder dan ander vleesch was. Hy zyde, dat men geen vleesch van eenig beest daar by vergelyken kon, hoewel het ook waar was, dat zy dit ten grooten uyt wraake tegen hunne vyanden deeden. Ik vraagde hem nader, wat deel aan een mensch, hy voor hem 't lekkerste gevonden had? hy zeide, dat 'er niets zo lekker was, dan de wangen, en de handen, en dat daar niet anders by haalen kon.

Die koning was niet alleen een zeer gematigt, vriendelyk, en zedig man, maar ook zoo Godvrugtig van gedrag, dat hy te dier tyd inlantsche Ouderling was.

In 't jaar 1708, heb ik zeer wel, en ook lang te vooren, gekent eenen Jan Willemsz, een Noessa Lauwer van geboorte, daar de oude aard van 't menschen-eeten, hoewel al bejaard, en anders een vermakelyk man, en van een goed gedrag, weer in quam opborlen. Deeze had in 't jaar 1702 in Januari, een wonderlyk geval, ontrent dit menschen-eeten. Een weggeloopen vette Slaaf, van zekere Juffr. Duryn, had zekeren borger, Baltus Schoone, genaamt, vermoort; waar over hy van een anderen Slaaf aangetast, de kop hem afgeslaagen, en aan 't Kasteel gebragt zynde, zo vond men in den Landraad goed, het lichaam ook derwaards te brengen, en 't selve daar na op 't land, aan de overzyde van 't Kasteel, dus zonder kop in een mik op den weg te zetten, op dat andere wegloopers zich daar aan mogten spiegelen.

Jan Willemssen, dit wetende, alzoo hy bode van dien raad was, en op dien vetten gast, dien hy gezien had, belust geworden, gaat zonder zig aan 't Placaat, daar tegen, en dat haar Edelheden, in 't jaar 1683 in Juli, by zyn tyd belast hadden te vernieuwen, te kreunen, na de overzyde toe, hakt by donker een arm af, en neemt dien meede; waar over hy mogelyk nog geen nood, zo hy zig maar wat voorzigtiger gedragen had, gehad zou hebben.

Daar waren 'er dan, die wisten, dat hy het gedaan, en hem vraagden, waarom hy dit bestaan had. Hy dorst niet te zeggen, om myn hart eens op te haalen, dewyl het geen daad was, een Christen passende. Om dan op de gemakkelykste wyse, die menschen maar af te zetten, zeide hy, dat hy zulks uyt last van den Landraad, en als boode gedaan had. Hadden die menschen dat nu gezwegen, geen haan zou daar na gekraait hebben, maar de nieusgierigheid, om te weten, dreef hen aan, om daar verder na te vernemen, en daar van zelf tegen leden van den Raad te spreken, vragende aan hen, waar nu dien arm was, en wat men daar mede doen zou.

Dit quam eindelyk den Heer Landvoogt ter ooren, gelyk ook den Fiscaal, die desen Jan Willemzen daar over dagvaarde, zoo om over dese leugen gestraft te worden, als wel voornamelyk om ook te zeggen, waar die arm gebleven was.

Hy beleed zynen misslag van de naam van den Raad hier in misbruikt, bekende dezen arm opgegeten te hebben, en wierd over het een en 't ander in een boete van 500 ryxdaalders verwesen, bly zynde dat hy 'er zoo zagt afquam, hoewel die maaltyd hem dier quam te staan, en hy noit vleesch, dat hem zoo veel koste, gegeten had. Dese man is in 't jaar 1713 aldaar overleden.

Dominee Valentijn was behalve door het koppensnellen door meer gewoonten van de bewoners van de eilanden rond Ambon gefascineerd. Een daarvan was het fenomeen dat we tegenwoordig 'bloedwraak' zouden noemen. In het volgende fragment beschrijft hij een dergelijke wraak in opdracht van de koning van het dorp Oelath op het eiland Saparua (in Valentijns tijd meestal Honimoa genoemd).

De Amboinees is ook van een wraakgierigen aard, tot zo verre zelf, dat zy hunnen haat tegen desen of genen, die hen gevoelig misdaan heeft, aan hunne kinderen, als een zoorte van erfgoed overgeven.

Men heeft daar van een droevig geval by na ontrent dezen zelven tyd in een Koning van Oelat, op Honimoa, gezien. Hy had een bittre wrok op een van zyne bloedvrienden uyt een Proces, tegen zyn Vader, en grootvader al begonnen, gesproten, en had belooft, 't koste, wat het wilde, zich daar over de eene of de andre stondt te wreeken.

Op zekeren tyd dan verstaan hebbende, dat vier kinderen, zynde meisjes, en een slavin, van zyn vyand na een hunner thuinen, ontrent de Zee, of 't strand, gegaan waren, zoo riep hy eenigen van zyn volk, en belastte hen de hoofden dezer vier kinderen, en dier slavin, by hem te brengen.

Zy weigerden dit als een daad, die zy oordeelden niet te mogen doen, waar op hy hen voor bloodaards, voor wyven, en voor mannen, die niet waardig waren een broek, maar een vrouwen-kleedje te dragen, uytschold, dreigende hen, een swarten hond in hun huis te zullen werpen: de bitterste smaadreden, die men een getrouden Amboinees in zyn aangezicht werpen kan, alzo dit zeggen wil, dat dewyl zy maar vrouwen, en niet in staat waren, hunne vrouwen te bekennen, hy een swarten hond in hun huis werpen zou, om die vrouwen te beswangeren.

Zyn onderzaten dan dit laatste verwyt niet konnende verdragen, wilden veel liever 'uyterste wagen, en besloten dierhalven met haar zeven persoonen, (waar onder al een slaaf was) hier op uyt te gaan.

Vier van hen sloegen de vier kinderen, ider een hoofd af, de slaaf nam 't hoofd van de slavin weg, en twee stonden op schildwagt. Alles dan dus na hunnen zin uytgevoert hebbende, droegen zy de hoofden in zakken na huis, en gaven die hunnen Koning over, die dit alles wel fyn meinde bestelt te hebben, alzo een igelyk, die de rompen daar dus leggen vond, oordelen zou, dat de Papoewa's dit verrigt hadden, hoedanig ook de gedagte van de Vader dezer kinderen was; ja, de Koning had hem nog wel in zyn aanzigt durven wryven, dat dit een rechtveerdige straffe Gods over hem was, wegens 't ongelyk, dat hy hem en zyne voorvaderen aangedaan had.

Dit bleef dus wel eenigen tyd verborgen; dog lieden uyt een nabuurigen thuin, die het zeer wel afgezien hadden, maakten dit eindelyk aan de Vader van de Kinderen, en die aan 't Opperhoofd van Honimoa, den Soon van den Heer Landvoogd De Vicq, bekend.

Deze greep eerst stil de handdadigen, die 't feyt bedreven, en daar na ook den Koning, die hen dit belast had, en zond ze gezamentlyk na 't Kasteel, alwaar zy onderzogt wierden.

De schuldigen bekenden aanstonds de misdaad, dog zeiden, dat zy dit uyt last van hun Koning, en eerst na zo ondragelyke verwyten, en bedreigingen, gedaan hadden, en dat hy derhalven dit voor hen verantwoorden moest; dog men toonde hen klaar, dat zy, die Christenen waren, wel wisten, dat Gods wet, verbied imand, veel min zulke onnoozele kinderen, te dooden, en dat zy verplicht waren God meer, als hun Koning, te gehoorsaamen. Als men Hem zelf ondervraagde, wat van die zake was, zeide hy nergens van te weten; dog als hem het vuur wat nader aan schenen gelegt, en alles klaar aangetoont wierd, bekende hy het feyt aan hen om de voornoemde redenen tot wrake belast te hebben.

Zy wierden dierhalven gevonnist, de vier, nevens die slaaf, om levendig gerabraakt, hy om onthoofd, en de twee andre, om gegeesseld, gebrandmerkt, en voor hun leven in de keten geslagen te werden. De Koning, die eerst gerecht wierd, quam zeer net in 't wit gekleed (dat in 't gemeen 't gewaad der doodschuldigen hier is) op 't Schavot, deed een deftige aanspraak tot het gericht, hen bedankende voor de genade, die zy hem bewesen, zeggende daar na tot de zynen, 'Mannen, ik ga u voor, heb ik eerst gezondigt met u dit te belasten, ik zal 'er ook eerst voor lyden, hopende dat God my, en u-lieden, zal genadig zyn'; hoewel hy (gelyk blyken zal) niet dacht te zullen sterven, alzo 'er waren geweest, die hem hadden wys gemaakt, dat hy vergiffenis erlangen zou.

Zy, hem dit hoorende zeggen, zeiden, 'ja, Heer Koning, wy hoopen u haast te zullen volgen.'

Hy, die gedurig op zyn pardon dagt, keek wel honderdmaal om, of hy niemand daar mede zag aankomen; dog, niemand vernemende, wierd eindelyk 't Gebed voor hem gedaan, en als hy nu aan 't Vader ons gekomen was, bad hy dat mede, maar kon aan het slot niet komen, beginnende dat gedurig weer van voren af aan, tot dat hem eindelyk gelast wierd te eindigen, gelyk hy deed; nog al omziende, of zyn Pardon niet quam; dog niemand vernemende, zoo merkte hy misleid te zyn, schikte zig ter dood, en wierd onthalst, krygende, ter bede van den Koning van Noesanivel, nog een kist. De andre vyf wierden Gerabraakt, roepende niet anders, dan *Pati Cara, o, Pati Cara, o Minom Kita Orang Poenja Darah*, dat is: 'o Pati Cara, o Pati Cara, zuipt ons bloed': want hy had hen verklikt.

TIJDSCHRIFT VOOR NEDERLANDSCH INDIË
De dood van Georg Müller, 1825

De Oostenrijker Georg Müller (1790-1825) nam, na gediend te hebben in het Oostenrijkse en Franse leger, in 1816 dienst in Nederlands-Indië. In 1818 werd hij benoemd tot resident van Borneo's Westerafdeling en na 1822 ondernam hij als inspecteur van de binnenlanden van Borneo enige wetenschappelijke expedities. In augustus 1825 begon hij aan zijn lang gekoesterde wens, een tocht door de binnenlanden van Kutai, aan de oostkust, naar Pontianak aan de westkust van Borneo. Een onderneming die hem noodlottig werd. Vele jaren was niet duidelijk wat Müller was overkomen, maar de geoloog C.A.L.M. Schwaner verkreeg tijdens zijn onderzoekingen in 1847 meer duidelijkheid over de omstandigheden waaronder Müllers tocht tot een voortijdig einde kwam. Het volgende verslag is gebaseerd op zijn bevindingen.

De laatste officiële berigten van G. Müller zijn van Kotty [Kutai], van den 9den Augustus 1825, waarin hij, als 'inspecteur en zaakgelastigde van het Gouvernement', van de vorderingen en den afloop van zijnen politischen arbeid verslag doet. De hoofdoorzaak zijner reis naar Kotty was voor 't overige voor hem eene geheel andere, eene hoogere, een voor Borneo en de beschaafde wereld veel belangrijker, en, wanneer de eindresultaten in overeenstemming waren geweest met zijnen ijver en zijnen vasten wil, een veel rijker in gevolgen voor den politischen zoowel als voor den morelen toestand van het grootste van alle eilanden en van zijne merkwaardige bevolking. Zijn edele geest schijnt de besluiten der Voorzienigheid vooruit te zijn gesneld; want nog was, volgens de wijze van rangschikking der elkander opvolgende gebeurtenissen in den loop der ontwikkeling van de volkeren, Borneo niet bestemd, uit het duister te voorschijn te treden, waarin het, – ofschoon reeds eenigszins opgehelderd wat zijne onmetelijke grootte, rijkdommen enz. betreft, – op eene onbegrijpelijke wijze reeds sedert jaarduizenden is gehuld. Het moest nog dieper zinken, de gruwelen die het inwendig verwoestten, en die uit hetzelve naar buiten werkten, moesten nog hemeltergender worden, om het door eene achterwaartse ontwikkeling (als ik mij van zulk eene uitdrukking mag bedienen), op het standpunt te verheffen van rijpheid voor verbetering van zijnen toestand, voor het begin der beschaving en vorming zijner bewoners, en voor het genot van een eerlijk verkeer onder elkander en met vreemdelingen.

Het hoofdplan van Müller was, om het eiland van het Oosten naar het Westen te doorreizen, den Kotty-stroom opvarende, de waterscheiding passerende, en de Kapoeas van Pontianak afvarende, een sedert lang reeds door hem gekoesterd plan, aan de uitvoering waarvan reeds menige vroegere reistogt, van het westen uit naar het binnenland, met veel bezwaren en ontberingen verbonden, was toegewijd. Bekendheid met land en volk stelde hem de noodzakelijkheid van zulk eene reisonderneming en hare zegenrijke gevolgen helder voor den geest; een hart vol van de edelste menschenliefde, de zucht om zijn Gouvernement en de wetenschap in het algemeen nuttig te zijn, bragt dit plan tot een besluit, en eene vaste wilskracht, om het eens als goed en schoon erkende ten uitvoer te brengen, maakte hem getrouw aan de zaak tot in den dood.

Onder zijne politische werkzaamheden aan een geheel gedemoraliseerd, trouweloos, met alle de menschheid onteerende ondeugden bezoedeld hof, als dat van Kotty was, nam het sluiten van een contract met den sulthan eene eerste plaats in. Niet zonder veel moeite en het overwinnen van vele bezwaren, konde hij zijn doel bereiken. Hij haalde den sulthan tot een verbond over, dat meer door het oogenblik afgedwongen mag genoemd worden, dan dat het voor een resultaat te houden is van rijp overleg en van overtuiging der noodzakelijkheid, in verband met de daaruit voortvloeijende voordeelen. Met een zwaarmoedig hart, en misschien met tegenzin, onderteekende de vorst een verdrag, waarvan hij ernstige gevolgen meende te moeten vreezen voor het, hoe verwerpelijk ook, toch eenmaal aangenomen en tot eene tweede natuur geworden systeem zijner regering, ja voor zijn eigen politisch bestaan; inblazingen van gunstelingen, die eene schadelijke terugwerking van dit contract op hunnen invloed vreesden, zijn ongetwijfeld niet minder dan eigen overdenkingen werkzaam geweest, om den sulthan het onvoorzigtige van den stap, dien hij gedaan had, voor oogen te stellen. De werkzaamheden aan het verdrag verbonden, waren tevens de moeder van het bitterste berouw over de betoonde vrijgevigheid. Of deze gevaarlijke stemming van den vorst en de overige rijksgrooten aan Müller ontgaan zij, of dat hij ze voorbedachtelijk niet wilde opmerken, is onzeker.

Bragt de loop dezer onderhandelingen op zich zelf de gemoederen reeds in eene onheilspellende opgewondenheid, ook het toeval schijnt tegen Müller zich gekeerd, en getracht te hebben, door zijne bedriegelijke spelingen (indrukken, waarvoor het Oostersche gemoed zoo vatbaar is) de opgewonden geesten nog meer met vooroordelen te benevelen, en in eene zee van van bange voorgevoelens te doen verzinken.

Müller bleef vast besloten elk gevaar het hoofd te bieden; de sulthan verklaarde zich onverantwoordelijk voor de gevolgen zijner standvastigheid; de ongelukkige zag den dieperen zin dezer waarschuwing niet in; maar wel zijn trouwe Daeng Megating, te dier tijde radja van Batoe-Litjin. Daeng Megating begreep de voorteekenen van het onweder, dat over het lot van Müller moest beslissen, zich aan den horizon zijns levens verhief, en met onheilspellende snelheid zich boven zijn hoofd zamenpakte. Hij bood zich aan, tegen hunne afspraak, om Müller op zijne reis te vergezellen, zich met hem over den gelukkigen uitslag te verheugen, of, hem beschermende, aan zijne zijde te sterven. Müller wijst ook deze opofferende trouw dankbaar van de hand, en geeft den vriend het bevel, naar Batoe-Litjin terug te keeren.

Daar staat Müller nu alleen op vreemden bodem, in den kring van deelneming huichelende verraders, weerloos aan hen overgeleverd, aan hunnen wil onderworpen, om naar hun goeddunken geleid te worden, naar de plaats, waar zij hem hebben wilden. Spoedig waren de weinige voorbereidingsmaatregelen getroffen, welke Müller nog voor zijne reis, de Mahokkam opwaarts, te maken had. In twee praauwen, verliet hij nog in den loop van Augustus 1825 Tongarong, vergezeld van drieëndertig man, waaronder twaalf Javaansche soldaten; gelukkig voorzeker zich gevoelende, bevrijd te zijn van de onmiddelijke nabijheid der onzekere en trouwelooze 'halloh', zooals de Mahomedaansche (ten minste de Maleische, niet de Boeginesche) bevolking van Kotty door de niet Mahomedaansche inboorlingen van het binnenland genoemd worden. Doch onzigtbaar en onafscheidelijk werd Müller door hunnen, hem verderfelijken invloed, als door zijne schaduw gevolgd.

Te Long Merah, ongeveer 16 volle dagreizen van Tongarong, de hoofdzetel van den stam Oerai, een tak van den grooter stam Bahau, schijnt Müller eenige dagen bij den trouwen Baijo Badjan van de tot nu toe voortgezette reis uitgerust en nieuwe krachten verzameld te hebben voor de bezwaren en moeijelijkheden der voorhanden liggende toekomst.

Daar boven dezen Bahaustam, de Mahokkam uit eene onafgebrokene wildernis ontspringt, en in het algemeen van de laatste kampong der Penhengs, die Poeran-Lalan genaamd wordt, tot aan de eerste bewoonde plaats aan de Kapoeas-Bohang – eene nog tamelijk uitgestrekte van zwermen ongastvrije Poenans bevolkte bergstreek, – voor Müller de mogelijkheid niet meer bestond, van zich, zoo als tot dus verre, op korte afstanden tot eene naburige plaats te laten begeleiden, zoo was hij genoodzaakt de hoofden der Penhengs te bewegen, om hem een verder geleide, en wel, naar de meening van Müller, tot aan de oevers der Kapoeas-Bohang toe te staan. De ingewonnene informatiën stelden Müller in staat te kunnen berekenen, dat voor dezen landweg nog geene volle acht dagen zouden benoodigd zijn, en hij bepaalde daarom den achtsten dag, na het aanvaarden der reize, tot den dag der uitbetaling der overeengekomene belooning, en tevens tot dien van den terugkeer der Penhengs, wanneer zij zulks mogten verlangen. De beloofde en rijkelijke dienstvergoeding maakte de gemoederen voor zijnen wensch genegen, en vergezeld van meer dan honderd Penhengs vervolgde Müller zijne reis.

Met het toenemen der moeijelijkheden en ontberingen, van dit gedeelte der reis onafscheidbaar, kwamen ook andere toevallen en ervaringen opdagen, welke slechts een' ontmoedigenden indruk konden hebben op het reisgezelschap. De dood sloop ook onder hen en begon zijn vernielingswerk, deels door snel verwoestende ziekten, of door gedurende den nacht heimelijk uit het dikke kreupelbosch, op de in vergif gedoopte pijlen der Poenans gedragen, in het bloed zijner uitverkorene slagtoffers binnen te dringen. Hieruit volgde, dat het trouwe hoopje reizigers met elken dag meer inéén smolt.

Nog vóór den afloop van den bepaalden termijn, had men inderdaad een' bronarm der Kapoeas Bohang bereikt, en zoo ver was het bezwaarlijkste deel van Müller's voornemen voleindigd. Welk een vreugdegevoel, welk een gevoel van zelfvoldoening en innige tevredenheid moet Müller vervuld hebben, als hij aan de naar *het westen* ijlende golven van een water trad, dat hem met vriendelijk ruischen uitnoodigde, zich aan hetzelve toe te vertrouwen, om hem in weinige dagen het doel van zijnen vurigsten wensch te doen genaken! Welk eene bron van genoegen voor al het uitgestane moet zich niet in de kristallijnen bergbeek, aan de voeten van Müller, voor zijne standvastige ziel geopend hebben! Hij waande zich het doel nabij te zijn, en ook niet zonder genoegzamen grond; want waren dan niet weinige dagen toereikend, om hem naar, door vroegere reizen, hem bekende streken, en onder wel- en vriendelijkgezinde menschen, en weinige dagreizen verder hem in de armen zijner deelnemende vrienden te voeren! Het was voor Müller voorzeker het verhevenste en meest bezielde gevoel van zijn leven, 't welk hem in dit oogenblik ten deel viel, een gevoel, waarover zich slechts weinige stervelingen verheugen kunnen; want slechts weinigen zijn tot zulke groote daden in staat, zoo groot in hare gevolgen, zoo vrij van ieder eigenbelang, zoo rein in waarde van eigen wilskracht. Doch de prijs dezer zaligheid was voor Müller de dood door moordenaars handen!

De Penhengs, die Müller tot hiertoe begeleidden, boden hem voor de reis stroomafwaarts tot aan de plaats, waar kano's vervaardigd werden, ruimschoots de behulpzame hand, en lieten zich zelfs door hem bewegen, om hem nog eenige dagreizen verder te begeleiden, daar hunne bekendheid met de landstreek en van het zich door klippen heenwendende vaarwater hunne langere tegenwoordigheid voor hem wenschelijk maakten. De kano's, hier djoekon's genaamd, waren voltooid, te water gebragt en geladen, en den volgenden morgen zoude hunne afreize beginnen. Tegen het vallen van den avond verscheen, zeer onverwacht, ten minste voor Müller zekerlijk, een tamelijk groot aantal

'door den wind heen en weer geschud zien zij naar beneden'

onbekende Penhengs, welke zich met hunne stamgenooten vereenigden, bij Müller en de zijnen zich legerden en den nacht bij hen doorbragten. De daaraan volgenden dag brak aan, en men maakte zich tot de afreize gereed. Met uitzondering van drie van Müller's reisgenooten, welke, in het daarbij zijnde woud, zich met het inzamelen van brandhout bezig hielden, hadden de overigen reeds de vaartuigen beklommen, toen ook Müller den voet verzette om zich bij de zijnen te vervoegen. De beslissing van zijn lot wachtte tot op dit oogenblik. De slaaf van een' Penheng-hoofdman boorde Müller zijne breede lans in den rug, zoodat deze dadelijk ter neder zonk, en gaf daardoor het teeken tot een' algemeenen moord der tot de expeditie behoorende Javanen en Borneoten. De hoofden der vermoorden werden als zegetropheeën door de Penhengs medegevoerd en bleven voor hen hun liefste aandeel in den buit. Nog mogten zij, volgens de ruwe zeden dezer wilden, in de vergaderzaal van hunnen stam, in roerende vereeniging met den schedel des opperhoofds, omgeven van de schedels zijner met hem gevallene getrouwen, als treurige gedenkteekenen eener schandelijk verkregene overwinning, prijken. Door den wind heen en weer geschud, zien zij naar beneden als de getuigen eener daad, welke iederen weldenkende met afschuw vervult, en der wereld van ervaringen beroofde, die welligt tot de merkwaardigsten van dien tijd kunnen gerekend worden.

Volgens de getuigenis van den Orai-hoofdman Boijo-Bodjon en verscheidene andere personen, zou inderdaad de schedel van Müller nog bestaan. Dr. Schwaner heeft reeds bij de, in het Noorden van het landschap Siang, in het eigenlijke centrum van Borneo, wonende Ola-ot, door wie hem tevens narigten van Müller's ongelukkig uiteinde medegedeeld werden, eene niet onbeduidende belooning aan dengene toegezegd, die hem een zoodanig dierbaar overschot verschaffen wilde. Gelijke middelen wendde hij tot hetzelfde doel aan in het opperdeel van de Mahokkam bij den hoofdman Boijo-Bodjon, en zijnen hem zeer bevrienden schoonzoon; doch alles zonder den zoo gewenschten uitslag.

De drie nog in het bosch teruggeblevene Javanen behielden hun leven, toen ze in de verte het schriktooneel gewaar werden, door de vlugt; twee van hen werden later gegrepen, en, met het grootste deel der bezittingen van Müller, aan den sulthan van Kotty uitgeleverd, zoodat zij, van hunne afreize naar Java teruggehouden, tot hunnen dood in slavernij leefden. Voor weinige jaren eerst is de laatstovergeblevene te Tonggaron gestorven, waar hij, gedurende vele jaren, in een' tempel de uren voor het gebed sloeg. De derde vlugteling zou, na lang omgezworven te hebben, te Pontianak eindelijk aangekomen en daar ook reeds gestorven zijn. Het is te betreuren, dat de naam van dezen Javaan en eenige bijzonderheden van zijne geschiedenis zoo onbekend zijn gebleven. Hij is de eerste vreemdeling, welke Borneo van het Oosten naar het Westen doorreisde.

R. FRIEDERICH
Een feest in Gianjar op het eiland Bali, 1847

Weduwes van vorsten en andere hooggeplaatsten die zich na de dood van hun echtgenoot in het vuur werpen om hem daarmee te vergezellen op zijn laatste reis hebben westerse bezoekers aan Azië van meet af aan gefascineerd. Al in het verslag van de eerste Nederlandse reis in 1597 onder leiding van Cornelis de Houtman, naar de specerij-eilanden kwam een verslag voor van een cremate op Bali waarbij de weduwes van de overledene een eind aan hun leven maken door op de brandstapel te springen. In 1849 deed de archeoloog en taalkundige R. Friederich (1817-1875) in het Tijdschrift voor Nederlandsch Indië *verslag van een crematie-ceremonie in Gianjar (Bali) bij welke gelegenheid drie weduwes de verbrandingsdood stierven.*

Den 20 December 1847 werd te Gianjar de overleden vorst (*tjokorda*) Dewa Mangis verbrand, bij welke gelegenheid drie van zijne bijwijven in het vuur volgden of *bela's* werden.

De verbrandingsplaats was een ruim vierkant, welks zijden 400 tot 500 voet besloegen, omgeven van steenen pilaren ter hoogte van drie voet, zonder een' opmerkenswaardigen vorm; de tusschenruimten waren van tralies voorzien. In het midden van de plaats was een vierkant (oblong) muurwerk, opgetrokken van gebakken steenen, en in den vorm van de benedengedeelten der *padmâsana*s [stenen altaren] en *tjandi*s [tempels], voornamelijk veel op den tot het neerzetten der offeranden bestemden *bale* [houten of bamboe bank] in Goenoeng Rata gelijkende, ingelegd met Chinesche en Europesche borden en schotels, naar den aard van mosa k, en de plaats vervangende van het beeldhouwwerk, dat zich in Modjopahit en gedeeltelijk bij eenige paleizen op Bali, (Klongkong, Mengoei, Gianjar) bevindt. Om dit muurwerk heen, dat uit twee trappen bestaat, loopt eveneens tralie-werk. Boven het muurwerk rust op houten pilaren, op de wijze van de *bale-bale*'s op Bali, het dak van *atap* [palmbladeren], dat echter hier geheel met klatergoud overtrokken was, terwijl de pilaren met rood katoen en gedeeltelijk ook met goud bekleed waren. Onder het dak was nog een zolder gemaakt, die met allerlei sieraden en aanzienlijk groote spiegels bedekt was. Boven de tweede verdieping van het muurwerk is eene laag zand, opdat het vuur niet verder zich verspreide; daarop staat de gedaante van een beest, van hout gevormd en met bonte versierselen en goud bekleed. Bij deze gelegenheid was het de gedaante van een' *singha* (leeuw), 't geen alleen aan de voornaamste vorsten is toegestaan: de overige voorname personen gebruiken daartoe een *banteng* of *lemboe* [rundersoorten], wiens kleur bij de mannelijke personen *zwart*, bij de vrouwelijke *wit* zijn moet en ook met goud versierd is. Op de zijden van het groote vierkant waren *bale*'s opgerigt, voornamelijk voor de vrouwen, om daaronder te zitten, terwijl bijna al de mannen op den platten grond zonder bescherming tegen de zon aaneen gedrongen waren, de vorsten zich onderscheidende door de zonneschermen, die boven hunne hoofden gehouden werden.

Ter linkerzijde, niet ver van den muur, die het gehele vierkant insluit, waren de toebereidselen voor de verbranding der *bela*'s. Deze bestaan in een' vierkanten muur, van omtrent 3 1/4 tot 4 voet hoogte, zoodat de aanschouwers het in het vuur gestorte offer niet meer kunnen zien; de ingeslotene plaats is opgevuld met brandstoffen, die al sedert den vroegen ochtend aangestoken waren, en dus eene buitengewone hitte voortbragten. Bij deze vuren zijn wachters, die gestadig het vuur aanstoken en nieuwe brandstoffen er opwerpen. Achter dezen muur is onmiddellijk de brug, van welken de *bela* (de vrouw die verbrand wordt) neêrspringt; zij was omtrent 20 voeten hoog, onderschraagd van bamboepilaren, en op beide zijden, even als ook van voren, van leuningen voorzien. Van achteren leidt een trap tot deze brug op, eveneens gevormd van bamboe. De pilaren van de brug, die onmiddellijk aan het vuur grenzen, worden beschermd door natte pisang-stammen, die van beneden tot naar boven eenen wand vormen. In het midden op de brug bevindt zich een bamboe-huisje, de laatste rustplaats voor het slagtoffer. Al deze toebereidselen zijn zonder eenige versierselen.

Bij de ceremonie, die wij bijwoonden, waren van alle staten van Bali, met uitzondering van Bangli, vertegenwoordigers aanwezig, en wel met groot gevolg van gewapenden met geweren en lansen, met hunne voornaamste muzijk en met hunne toneelspelers. De meeste vreemdelingen waren al eenige dagen aanwezig, allen geherbergd door den nieuwen vorst van Gianjar (Dewa Pahan), en hadden den tijd doorgebragt met de geliefkoosde spelen (de *Gamboeh*, een tooneel, waar menschen spelen, en de *Wajang Koelit* [schaduwtoneel], benevens andere, b.v. *topeng* [maskertoneel]), die de verschillende staten, den eenen dag de een, den anderen dag de ander, afwisselend deden uitvoeren. Teekens van droefheid ziet men bij zulke gelegenheden in 't geheel niet; men tracht alleen de verbranding regt prachtig, zonder fouten tegen het bestaande gebruik, en welgevallig aan de goden te maken, om daardoor den geest der overledenen te spoediger naar *svarga* (den hemel van Indra) te doen ingaan.

Bij den dood van een' voornaam vorst is er een' zekere (ten minste moreele) dwang om vrouwen tot de zelfoffering te bewegen; bij zulk eene verbranding zou het voornaamste sieraad ontbreken, als er geene *bela*'s waren. Hier heeft ook de magt en rijkdom van den troonopvolger grooten invloed èn op de priesters, die door hunne godsdienstige begoochelingen de hersenen der arme, onwetende vrouwen ligt in beroering weten te brengen, èn op de mannelijke verwanten, die, na zulk eene zelfoffering van een lid hunner familie, geschenken en eereposten verwachten. Volgens de opgaven der Balinezen, wordt eene vrouw volstrekt niet gedwongen, noch aangewakkerd, zich op te offeren. Acht dagen na den dood van een' vorst wordt aan zijne verzamelde vrouwen de vraag gedaan, of er ook zijn, die zich mede willen laten verbranden. Zij, die zich aangeven, worden aangenomen, en kunnen, zonder schande op zich en hare familie te brengen, haar woord niet terugtrekken; na dien tijd zou het niet eens meer aan andere vrouwen vergund worden, om zich tot zelfoffering aan te melden. Meestal duidt ook het gedrag der vrouwen bij de verbranding klaarblijkelijk aan, dat zij wel niet regtstreeks gedwongen zijn, maar door de denkbeelden, die men haar van hare positie in een volgend leven voorgegoocheld heeft, zoo ingenomen zijn, dat zij met vreugde het oogenblik der verbranding te gemoet zien. Zij verbeelden zich, met den verbranden vorst als echte vrouwen altijd ongescheiden en gelukkig voort te leven, en voornamelijk, ingeval zij slavinnen of *goendik*'s zijn in eene hoogere kaste op te klimmen. Ik heb, wel is waar, van gevallen gehoord, dat eene vrouw, reeds op het uiteinde van de noodlottige brug staande, bij den aanblik van het vuur beneden, bevreesd werd en weifelde, maar zij, die er bij stonden (hare verwanten) maakten een spoedig einde aan de zaak, doordien zij de plank, waarop zij stond, en die vrij op en iets over de brug uit ligt, opligtten, en haar zoo tegen haren wil in het vuur deden vallen, van waar hare kreten nog eenige oogenblikken hoorbaar werden. Gewoonlijk verneemt men niet het minste geluid, totdat het ligchaam zoo ver van het vuur aangetast is, dat de schedel springt, hetgeen een geluid gelijk een zwakke kanonslag veroorzaakt.

Nadat het lichaam van Dewa Mangis uit het huis gebragt en op de prachtige *bale* gezet was, vormde zich het gevolg van het lijk. Vooraan gingen de schutters en een gedeelte der lansendragers; daarop kwamen, afgewisseld door benden muzikanten, de talrijke offeranden, die bij eene verbranding uitgebragt worden, door vrouwen, meestal op het hoofd, gedragen, ten deele met bamboes.

De *bade*, een pyramidaal gebouw van verschillende hoogte en met een ongelijk getal verdiepingen, is gemaakt van hout en rust op een stellaadje van bamboe, dat door een toereikend getal menschen opgeligt en gedragen wordt. In ons geval waren er wel 500 menschen onder; zij bleven door de neerhangende kleeden bijna geheel bedekt, en moesten eene vreeselijke hitte doorstaan. Onze *bade* had elf verdiepingen; dit getal elf is voor de *bade*'s en voor de pyramidenvormige tempels (*meroe*'s) het meest algemeene en het heiligste. De bovenste verdieping draagt het lijk en is bedekt door een' hoogen baldachin, die eveneens rijk versierd is; het lijk rust op een slaapbali even als in het leven, is in eene groote menigte witte kleederen gehuld, en wordt bewaakt door eenige menschen, die met waaijers aan de buitenzijde staan.

Achter den vorst kwamen, voorafgegaan van de gewone offeranden, van gewapenden en muzijk, de drie *bela*'s; zij hadden ieder een bijzonderen *bade,* maar noch zoo hoog, noch zoo prachtig, als die van den vorst. Zij worden sedert dien tijd, dat zij haren wensch, om den echtgenoot in den dood te volgen, te kennen geven, als reeds gestorven beschouwd; zij verkrijgen dagelijks offeranden, gelijk de doode vorst. Zij worden dus ook op de doodenbaar, de *bade,* uitgedragen en mogen in 't geheel niet meer den grond betreden. Nadat de *bade* van den vorst op zijne bestemmingsplaats aangekomen is, worden zij tot drie keeren om hare verbrandingsplaats rondgevoerd, altijd met de gewapenden, muzijk en de offeranden dragende vrouwen vooraan; daarop worden zij van haren *bade* neergedragen en de brug van den toestel voor haar opgevoerd. Hier vertoeven zij, totdat de ceremonie voor den koning afgeloopen, en diens lijk bijna verbrand is; in dien tusschentijd maken zij herhaaldelijk toilet, kammen het haar en zien oneindige keeren in den spiegel. Zij zijn in het wit gekleed, en hebben de borsten bedekt, het haar laten zij op het laatst lang afhangen. In den geheelen tijd hebben zij toespraak van eene priestervrouw. Deze, dat is te zeggen de echte vrouwen der *pandita*'s [priesters], of hunne zusters, *istri padanda*, zijn eveneens als de mannen in de veda's en mantra's bedreven. De overige omstanders boven op den toestel zijn meestal verwanten. Deze maken dan ook de laatste akelige voorbereidingen; zij openen de leuning naar voren, schuiven de losse plank een weinig over het vuur uit, besmeren die met olie, en storten groote hoeveelheden olie en arak in het beneden gloeijende vuur. Als eindelijk het oogenblik gekomen is, gaan de slagtoffers met langzame schreden op de plank, en brengen de handen tot drie keeren, in den vorm van een' *sembah* [groet waarbij de handen tegen elkaar naar het hoofd worden gebracht], boven het hoofd tegen elkander. In dien tusschentijd heeft men haar eene kleine duif (*titiran*) op het hoofd gezet, en nu storten zij zich, het ligchaam regtop, in de vlammen neder. Op het-

'en nu storten zij zich, het ligchaam regtop, in de vlammen neder'

zelfde oogenblik wordt door de wachters, boven en beneden het vuur, door groote stortingen van olie, de vlam van 6 tot 8 voet hoog aangewakkerd, en dit veroorzaakt dan ook wel dadelijk den dood door verstikking. De wegvliegende duif wordt als de ontvliedende ziel beschouwd. In Gianjar waren twee van de vrouwen uiterst moedig; zij zagen, voor dat zij sprongen, de eene naar de andere of zij reeds gereed was, en sprongen, zonder het ligchaam te buigen, regt neder. De middenste scheen echter een weinig te weifelen, en viel ook niet zoo gelukkig als de twee anderen. Alle drie echter gaven niet het minste geluid. Weinige oogenblikken na het neêrspringen, was het aan een' Europeaan, die met ons was, gelukt, om door de volksmenigte zich een' weg naar de vuurstede van de eene vrouw te banen. Hij zeide, dat zij reeds dood was, en dat het ligchaam slechts nog door het hout en de olie, die er opgeworpen werden, verroerd werd.

Droefheid of schrik was bij geen' der aanwezige menigte, en er waren ten minste 40.000 menschen, waar te nemen. Alleen wij Europeanen zagen deze afschuwelijke ontaarding der idolatrie met verontwaardiging, en wenschten, dat zulke gruwelen spoedig mogten ophouden.

TËMETA WETARU

De les van Kunawaruku
Een waarschuwing tegen witte mensen, eind 20e eeuw

De Surinaamse Trio-Indianen hebben een levendige orale traditie. De verhalen betreffen heel vaak cosmologische en religieuze thema's, maar ook worden wel historische gebeurtenissen verhaald en geïnterpreteerd. Zo zijn er allerlei verhalen over ontmoetingen met pananakiri, *mensen uit andere etnische groepen. 'De les van*

Kunawaruku' geeft een verrassende draai aan de veelal loze verhalen over kannibalisme in de binnenlanden van Suriname. Het werd verteld door de onlangs overleden Trio Tëmeta Wetaru en opgetekend door Cees Koelewijn.

Dit is nog iets over de witte mensen. Iedereen was bang. Iedereen wist dat de witte mensen in het verleden slecht waren en dat ze Trio's gevangen namen. Alle oude vrouwen wisten daarvan, aan deze kant en ook aan de vrouwen die aan de andere kant van de bergen woonden. Ze zeggen dat de vrouwen al huilden als ze dachten dat er misschien witte mensen in de buurt waren.

Er waren veel dingen waar ze bang voor waren. Zo waren ze bijvoorbeeld heel bang voor het geluid van vliegtuigen. Het geluid van vliegtuigen vonden ze verschrikkelijk. Als ze dat hoorden verstopten ze zich. Dat deden ze ook toen het erop leek dat er een vliegtuig op de savanne zou gaan landen.

Toen dat gebeurde begon Kunawaruku, een oude vrouw te huilen. Terwijl ze huilde zei ze: 'Dit is de reuzenkorjaal van mensen. Die komt hierheen. Zijn jullie daar niet bang voor? Ik wel, ik ben bang.'

Ze huilde en rouwde omdat het vliegtuig dreigde te gaan landen. 'Huil maar', zei ze, 'Dit is een reuzenkorjaal. Deze korjaal zal jullie meenemen. Dat doen de witte mensen. "Doe er zout op, doe peper op mijn vlees. Maak het smakelijk", zullen ze zeggen en dan eten ze je op.'

'Dat hebben ze vroeger ook gedaan', ging de vrouw al snikkend verder. 'Het zijn menseneters. Wees daarom verdrietig, huil maar en bedrijf rouw!

'Huil toch
dit is de reuzenkorjaal
ze nemen je mee
ze nemen je mee
de witte mensen eten je op

"doe hem in het zout
doe er zout op
maak hem smakelijk"
dat zegt de menseneter
daarom:
huil toch
rouw toch
dit is een ernstige zaak
jullie zien de reuzenkorjaal toch?
ze nemen je mee
ze nemen je mee
zij zijn de menseneters over wie je gehoord hebt.'

Dat zei Kunawaruku half zingend en huilend en direct daarna ze begon opnieuw:

'Huil toch en rouw toch,
het is de reuzenkorjaal
het zijn de witte mensen
de menseneters van vroeger'.

Iedereen wist wat de oude Kunawaruku bedoelde met haar lied over de witte mensen.

'Huil toch
rouw toch
hij eet mensen
hij doet je in het zout
in de peper'.

Dat zei ze steeds weer om haar kleinkinderen te waarschuwen. 'Wees toch voorzichtig', zei ze altijd en dan begon ze weer ... 'Huil en rouw toch!'

Het is waar. Heel lang geleden hebben de mensen bij de

De Nederlander Theodor de Bry stelde de Indianen als kannibalen en folteraars voor; op de achtergrond de barbecue

savanne een keer een vliegtuig gehoord. Ze dachten dat het daar ging landen, maar dat deed het niet. Daarom zong Kunawaruku ook:

'Hij neemt je mee
hij stopt je in zijn reuzentrommel
hij pakt je handen beet
hij pakt je van achteren beet.'

'Dat gaan ze beslist met ons doen, je handen pakken en vastbinden en je meenemen in hun grote trommel meenemen.' Zo vertelde Kunawaruku haar verhaal.

Dit is echt zo gebeurd. Iedereen kent het verhaal over onze ellende van vroeger.

En in dit verhaal wordt verteld hoe Kunawaruku gehuild en gerouwd heeft om haar kleinkinderen te waarschuwen. 'Ze nemen je mee in hun reuzentrommel, ze pakken je beet,' zei ze. 'Dat doen ze met je, ze binden je handen vast om je te ontvoeren.' Zo onderwees ze haar kleinkinderen. Ze zei dat ze wist dat het waar was. 'Ik heb het lang geleden gehoord,' zei ze en daarom herhaalde ze het in het Trio dat de mensen lang geleden gesproken hebben. 'Maar jullie weten dat niet, want jullie zijn nog maar kinderen,' zei ze tegen haar kleinkinderen.

Verzet en koloniaal geweld

APHRA BEHN
Oroenoko of de koninklijke slaaf, circa 1660

De schrijfster Aphra Behn (1640-1689) woonde lang in Suriname. In 1663 keerde zij terug naar Engeland; de kolonie ging vier jaar later over in Zeeuwse handen. Over het waarheidsgehalte van haar in 1688 verschenen roman Oroonoko (or, the History of the Royal Slave) *wordt getwist. Sommigen zien dit werk als zuivere fictie, anderen als* faction *die een op vele punten realistisch beeld schetst van de pionierstijden van deze kolonie waar Afrikaanse slaven, in de woorden van tijdgenoot Warren, 'als honden' werden behandeld en om het minste 'scherpelijck ghetuhtighet' werden. Behns Oroenoko is een Afrikaanse vorst die door een stamgenoot wordt verkocht om als slaaf naar Suriname te worden gebracht. Daar leidt zijn romance met de al even nobele Afrikaanse slavin Imoinda tot jaloezie van zijn Europese meester, mishandeling, een door Oroenoko geleide opstand van de slaven, en uiteindelijk het afschuwlijke einde van de gelieven. De volgende fragmenten zijn overgenomen uit de vertaling door Albert Helman, die deze roman aanprees als 'bruisend van verontwaardiging over de wreedheid en het onrecht van de slavernij en de verwatenheid en hypocrisie van de christelijke moralisten'. Het fragment begint op het moment dat de gevluchte Oroenoko en Imoinda beseffen dat zij niet meer kunnen ontkomen; liever doden zij zichzelf dan dat zij in handen van hun wrede achtervolgers vallen.*

Op haar knieën smeekte zij hem, haar niet aan zijn vijanden ten prooi over te laten.
 Dodelijk bedroefd en toch ingenomen met haar nobele vastberadenheid, hief hij haar op en omhelsde haar met alle hartstocht en liefdesverlangens van een stervende minnaar, en trok zijn mes om deze schat van zijn hart, deze vreugde van zijn ogen om het leven te brengen. Terwijl de tranen hem over de wangen biggelden, glimlachte zij van vreugde te zullen sterven door zulk een nobele hand, en naar haar eigen

land te worden teruggezonden (want dat is hun idee van de andere wereld) door hem die zij in deze wereld zo teder beminde en zo oprecht aanbad.

Toen alles wat de liefde in zulke geval vermag te uiten, gezegd, en alle tussentijdse besluiteloosheid overwonnen was, legde het lieflijke, jonge en aanbeden slachtoffer zich neer aan de voeten van de offeraar, terwijl hij, met vastberaden hand en een brekend hart in zijn binnenste, haar de fatale steek toebracht, haar eerst de keel doorsneed en toen haar nog altijd glimlachend gezicht van dat sierlijke lichaam scheidde, dat nog zwanger was van de vrucht hunner tederste liefde.

Zodra hij dit gedaan had, legde hij het lichaam netjes op bladeren en bloemen waarvan hij een bed maakte en verborg hij het onder eenzelfde lijkwade van de Natuur. Alleen haar gezicht liet hij nog onbedekt, om er naar te kijken. Maar toen hij zag dat zij dood was en onherroepelijk weg, hem nooit meer met haar zacht gepraat en met haar ogen zou vertroosten, toen groeide zijn smart tot razernij; hij rukte, hij tierde, hij brulde, was als een of ander monster uit het woud, en schreeuwde telkens de beminde naam Imoinda uit.

Wel duizendmaal richtte hij het noodlottige mes dat de daad had voltrokken, op zijn eigen hart, met het voornemen haar onmiddellijk te volgen. Maar de gruwelijke wraakzucht die hem nu duizendmaal feller dan tevoren in de ziel stak, belette hem dit en hij schreeuwde het telkens uit: 'Neen, moet ik, nu ik Imoinda aan mijn wraak heb opgeofferd, de roem verliezen die ik zo duur gekocht heb ten koste van het mooiste, dierbaarste, zachtste schepsel dat de Natuur ooit voortbracht? Neen, neen!'

Waarna, bij het noemen van haar naam, verdriet de overhand nam op zijn woede, en hij aan haar zijde ging liggen, haar gezicht besprenkelde met zijn tranenvloed, tranen die voorheen nooit uit zijn ogen plachten te vloeien. En hoezeer hij ook tuk was op zijn voorgenomen slachtpartij, hij had de kracht niet om zich te ontrukken aan de aanblik van dat dierbare voorwerp, dat hij meer dan ooit liefhad en aanbad.

Gebruikmakend van zijn zwakte riepen de Engelsen: 'Laat ons hem hoe dan ook levend gevangennemen'. Bij het horen hiervan, en alsof hij ontwaakte uit een bezwijming of uit een droom, riep hij uit: 'Neen, heren, gij hebt het mis. Je zult geen Caesars meer vinden om af te ranselen, niet langer meer enig vertrouwen bij mij aantreffen. Al denken jullie dat ik zwak ben, toch heb ik nog genoeg kracht in mij om mij te vrijwaren van een tweede smaad.'

Opnieuw bezwoeren zij hem met zijn allen, maar hij schudde enkel het hoofd en keek hen vol verachting aan. Daarop riepen ze: 'Wie durft het opnemen tegen deze enkele man? Durft niemand?' Zwijgend stonden zij daar allemaal, terwijl Caesar antwoordde: 'Laat de eerste avonturier die een poging waagt, ervan verzekerd zijn, dat het zijn noodlot wordt'. En bij deze woorden greep hij zijn mes met een dreigend gebaar vast. 'Kijk eens, jullie trouweloze bende,' hernam hij, 'ik tracht niet mijn leven te behouden, en ben evenmin bang om te sterven'. En bij deze woorden sneed hij een stuk vlees van zijn eigen hals en smeet het hun toe. 'Toch zou ik nog, als het kon, willen leven totdat ik mijn wraak had volvoerd. Maar o, het kan niet zijn. Ik voel het leven uit mijn ogen en hart wegglijden, en als ik mij niet haast, zal ik het slachtoffer worden van de schandelijke zweep.'

Bij die woorden sneed hij zich zijn eigen buik open, greep naar zijn ingewanden en rukte ze te voorschijn met de weinige kracht die hij nog bezat, terwijl enkelen op de knieën lagen om hem te smeken zijn hand te weerhouden. Maar toen zij hem zagen wankelen, riepen zij uit: 'Durft niemand zich aan hem wagen?' Een vermetele Engelsman schreeuwde: 'Ja, al was hij de duivel', moed scheppend toen hij zag dat de ander bijna dood was. En hem bij wijze van vaarwel aan de wereld een vreselijke vloek toevoegend, viel hij op hem aan. Maar Caesar ontving hem met zijn gewapende hand zo netjes, dat hij hem tot in het hart doorboorde en de man dood aan zijn voeten neerviel.

Op een baar van hun kruisgewijze vastgehouden handen droegen zes mannen Caesar weg, bezwijmd als hij was en schijnbaar dood of misschien net stervende. Zo brachten ze hem naar Parham, legden hem op een bed en lieten meteen een chirurgijn bij hem komen. Deze bette zijn wonden, naaide zijn buik dicht en gebruikte allerlei middelen om hem weer tot leven te brengen – een poging waarin hij slaagde.

Wij snelden allen toe om hem te zien, en hoe mooi wij vroeger zijn aanblik ook gevonden hadden, thans was hij dermate veranderd dat zijn gezicht wel een zwartgemaakte doodskop geleek, met niets dan tanden en twee oogholten. Een paar dagen lang stonden wij niemand toe om met hem te praten, maar lieten hem versterkende drankjes door de keel gieten. Deze hielden hem in leven, en na zes of zeven dagen kwam hij weer tot bewustzijn. U moet namelijk weten dat in de Indiën wonden bijna als door een wonder helen, met uitzondering van verwondingen aan de benen, die zelden of nooit genezen.

Toen hij zover was dat hij kon praten, spraken wij met hem en stelden hem enkele vragen over zijn vrouw en de redenen waarom hij haar gedood had. En toen was het, dat hij ons vertelde wat ik al over dat besluit heb meegedeeld en over zijn afscheid. En hij smeekte ons hem te laten sterven en was uitermate ontdaan door de gedachte dat hij mogelijkerwijze zou blijven leven. Hij verzekerde ons, dat als wij hem niet ombrachten, hij vreselijk gevaarlijk zou blijken voor een groot aantal lieden.

Wij zeiden al wat wij konden om hem te doen verlangen om in leven te blijven en gaven hem nieuwe garanties; maar hij bad ons, niet zo'n geringe dunk te hebben van hemzelf of van zijn liefde voor Imoinda, dat wij ons inbeeldden hem tot nieuw leven te kunnen overreden. De heelmeester echter gaf hem de verzekering dat zijn leven niet te redden was en hij derhalve niet bang behoefde te zijn.

Een woeste Ier sleepte Caesar gewelddadig mee. Hij liet hem naar dezelfde paal brengen waar hij was afgeranseld, liet hem daaraan vastbinden en vóór hem een groot vuur aanmaken, om hem, zoals hij hem zei, te laten sterven als de hond die hij was. En zich tot de mannen wendend, die hem hadden vastgebonden, zei Caesar: 'Beste vrienden, moet ik sterven of afgeranseld worden?' En zij riepen: 'Afgeranseld! Neen, jij zult er niet zo gemakkelijk van afkomen.'

Waarop hij glimlachend antwoordde: 'Weest gezegend,' en hun de verzekering gaf, dat zij hem niet behoefden te binden, want dat hij vast als een rots zou blijven staan en de dood trotseren, bij wijze van bemoediging voor hun eigen dood. 'Maar als jullie mij zwepen,' zei hij, 'weest dan verstandig om mij stevig vast te binden'.

Hij had tabak leren roken, en toen hij er zeker van was dat hij zou sterven, wilde hij dat men hem een reeds aangestoken pijp in de mond zou geven, hetgeen men deed. Hierop kwam de beul, die hem eerst zijn geslachtsdelen afsneed en ze in het vuur wierp. Daarna sneden zij hem met een bot mes de oren en de neus af, en verbrandden deze.

Hij bleef verder roken alsof niets hem gedeerd had. Vervolgens hakte men een van zijn armen af, en nog altijd verdroeg hij het en hield hij zijn pijp in de mond. Maar toen men ook zijn andere arm afkapte, zonk zijn hoofd voorover, zijn pijp viel op de grond, en zonder een kreun of verwijt te hebben geslaakt, gaf hij de geest.

Aldus stierf deze grote man, die een beter lot waardig was en een verhevener vernuft dan het mijne, om zijn lofwaardige daden te beschrijven. Niettemin hoop ik dat de reputatie van mijn pen aanzienlijk genoeg is, om te maken dat zijn glorieuze naam door alle tijden heen blijft leven, tezamen met die van de dappere, schone en standvastige Imoinda.

TEBINI, KÁLA EN OTJÚTJU
Marrons nemen wraak, 1690

Waar slavernij is, is slavenverzet. In Suriname was marronage een belangrijke vorm van verzet. Slaven ontvluchtten de plantages en bouwden diep in het oerwoud eigen gemeenschappen op. Zij worden marrons genoemd. Af en toe overvielen zij plantages om slaven te bevrijden en voedsel en andere spullen buit te maken, maar vaak ook om wraak te nemen op hun voormalige meesters. Marrons zouden in de loop der tijd zo'n grote bedreiging voor de koloniale orde gaan vormen, dat het Nederlandse gezag in het midden van de achttiende eeuw vrede met hen moest sluiten en dus hun bestaansrecht erkende. Onderstaand verhaal uit de begintijd van de marronage werd door de antropoloog Richard Price opgetekend uit de mond van drie Saramakkaanse marrons, Tebini, Kála en Otjútju – zelf afstammelingen van de broers Lanu en Ayako die in dit verhaal de hoofdrollen spelen. Het is een relaas van mishandeling, vlucht en wraak, waarin ook toverkracht een belangrijke rol speelt. Het slotstuk van dit verhaal is in andere vorm terug te vinden in archiefstukken over de overval op een plantage aan de Cassewinica, in 1690.

Lanu's vrouw – ik weet niet of zij zijn vriendin was of zijn echte vrouw – werkte in het huis van de witte man. Op een dag gaf ze haar man water te drinken. (fluisterend: Maar er is me verteld dat het eigenlijk sap van suikerriet was, want dat 'water' dronk die blanke gewoonlijk ook.) Nou, ze zagen dat en zeiden: 'De vrouw heeft Lanu sap van suikerriet gegeven!' en toen gaven ze haar met de zweep. Zij sloegen haar tot ze dood was. Toen droegen ze haar naar hem [Lanu] en zeiden: 'Kijk, hier is je vrouw'. Toen zweepten ze Lanu totdat hij bewusteloos was, en ze lieten hem op de grond liggen. Toen kwam de geest van zijn vrouw in zijn hoofd, en plotseling stond hij op en rende het oerwoud in. De witte man zei, toen hij dat zag: 'Lanu is er vandoor!' Maar zijn mannen zeiden: 'Hij zal het niet overleven; hij is al zowat dood.'

Toen Lanu het bos inging, rende hij alle kanten op en riep almaar zijn vrouw, hij probeerde haar te vinden... Hij bleef maar roepen en roepen totdat hij diep in het bos kwam. Uiteindelijk antwoordde de *apúku* [bosgeest] Wámba hem. En Wámba kwam in Lanu's hoofd en bracht hem naar een plek waar Indianen woonden. Deze Indianen verwelkomden hem, verzorgden hem en gaven hem te eten. En hij leefde bij hen.

Ayako had een zuster, Seei, op dezelfde plantage. Op een dag was ze aan het werk. Ze had haar kleine zoontje op haar rug gebonden. Het kind begon te huilen, maar de witte man wilde niet dat zij ging zitten om het de borst te geven. Maar het bleef huilen. Zij bleef werken. Het kind bleef huilen. Toen riep de witte man haar. 'Breng je kind hier en ik zal het voor je vasthouden'. Dus zij nam het kind van haar rug, gaf het hem en ging weer werken. Hij pakte het kind ondersteboven vast bij zijn beentjes en liet zijn hoofd in een emmer water zakken totdat hij zag dat het dood was. Toen riep hij de vrouw en zei: 'Hier, neem je kind en bind het weer op je rug'. Dat deed ze. Zij bleef werken tot de avond, toen ze de slaven vrij gaven. Het kind was dood, zo stijf als een plank.

Nou, Ayako zag dit en zei, 'Wat een verdriet! Mijn familie is kapot. Mijn zuster heeft nog maar één kind over, en wanneer zij morgen gaat werken en haar kind huilt zal de blanke weer hetzelfde doen. Ik zal de getuige zijn van de vernietiging van mijn familie. Nou, toen ik nog in Afrika woonde was ik echt iemand. Ik zal heel erg mijn best doen en kijken of de kracht die ik had toen ik daar wegging nu verloren is gegaan.' Toen bereidde hij zich voor totdat hij er helemaal klaar voor was. En toen ontvluchtte hij. Hij rende weg met zijn zuster en haar baby.

Toen hij aan de rand van het oerwoud kwam riep hij hardop zijn erenaam: 'Ik ben de enige, *Okúndo bi okúndo*. Het grootste van alle dieren. Ik heb misschien geen ijzer, maar ik kan best mijn familie doen groeien!' Toen liep hij het bos in en bleef tot de avond lopen. Het enige wat hij droeg was zijn Lámba kalebas. Steeds als zij honger hadden aten ze gewoon uit die magische kalebas. Dat was in die dagen ons voedsel. Lámba gaf ons te eten.

Ayako rende weer weg om zijn oudere broer Lanu te zoeken. Hij vond hem en zag dat de Indianen goed voor hem hadden gezorgd, dat hij het goed gemaakt had... Lanu sprak heel ernstig met Ayako en zei: 'Ik ga nooit meer terug naar de plek waar witte mensen zijn, maar als jij dat wel wilt en je wilt mensen meenemen, ga je gang. Maar ik zal de blanken nooit meer ontmoeten... Lanu bereidde Ayako voor om terug te gaan naar de plantage, want hij was een grote *óbiama* [iemand die *obia*, toverkracht, heeft]. Na deze tocht bracht Ayako een man die Kwémayón heette terug, ook een grote *óbiama*. Die bleef daarna altijd bij hem.

Op een dag was Ayako het oerwoud ingegaan, 'gaan jagen' zoals ze dat toen noemden. Maar dat was geen jagen op dieren; het was om te zien of er witte mensen in de buurt waren. Ayako was net weg toen de blanken op het kostgrondje kwamen van Asukume [Ayako's vrouw, die hij kort tevoren had meegenomen van een plantage, met haar zoontje Dabi]. Zij was daar met haar zoontje. Ayako voelde gewoon dat zijn vrouw in gevaar was, dat de witten op het punt stonden haar te grijpen. (In die tijd, als ze jou met een kind vonden, ze pakten je op, want dat kind zou huilen en je zo verraden.) Ayako bereidde zich voor met een ritueel en hij waarschuwde zo Asukume. Hij was heel ver weg, maar hij waarschuwde haar met *obia*. Hij zong dat *obia*-lied dat Asukume opdracht gaf het kind in het riet te gooien, waar het veilig zou blijven... Nou, dat kind was Dabi! De blanken liepen er gewoon langs. Zij en haar kind waren veilig.

Lanu maakte Ayako nog eens klaar [met *obia*]. Er was een grote vergadering geweest in het oerwoud bij de Matjau Kreek. Weet je, die witte man die Lanu had laten zwepen bezat wel meer dan die ene plantage. Zij besloten een van zijn andere plantages in de fik te steken, niet die waar Lanu met de zweep had gekregen, omdat ze op die andere meer gereedschap voor zichzelf zouden vinden. Dat was op de Cassewinica plantage, waar veel slaven woonden. Zij wisten alles van die plantage, nog uit de tijd dat ze zelf slaven waren.

Dus zij vielen aan. Het was 's nachts. Zij doodden de opzichter van de plantage, een witte man. Zij namen alles mee, alles wat ze nodig hadden. En toen vernielden zij de plantage, ze staken de huizen in brand en vluchtten weg... Ze gingen weg en stonden rustig te kijken, totdat ze de eigenaar zagen. Toen doodden ze hem. En ze staken de plantage in brand.

ANONIEM
De Chinezenmoord in Batavia, 1740

In het voorjaar van 1740 veroorzaakte een door de Vereenigde Oost-Indische Compagnie (VOC) ingesteld nieuw uitzettingsbeleid voor Chinezen grote onrust onder de Chinese plantagehouders in de Bataviase Ommelanden. Het gerucht ging dat hun landgenoten niet naar Ceylon werden verbannen zoals hen werd verteld, maar op zee over boord werden gezet. Zij verklaarden de oorlog aan de Nederlanders en dreigden naar Batavia op te trekken. De angst sloeg toe onder de Europese bewoners van de stad, die nu de binnen de muren wonende Chinezen verdachten van steun aan hun rebellerende landgenoten. In samenwerking met Hollandse zeelieden die in de haven van de stad lagen ontketenden zij een ongekende pogrom, die aan zeker tienduizend, merendeels onschuldige Chinezen het leven kostte. Het volgende, anonieme, verslag werd minder dan een jaar later gepubliceerd in Utrecht.

Op dien avond vertrok van hier een commando van 50 Man Europeesen, onder bevel van den Vaandrig Arends naar de

'wierden sy seer spoedig overvallen en totaliter geslagen,
ja sodanig dat niet een overbleef'

Qual, om de Chineesen was het mogelijk van daar te verdryven, dog daar aan de wal gekomen zynde, (vermits zy over Zee na derwaarts vertrokken waaren,) wierden sy seer spoedig overvallen en totaliter geslagen, ja sodanig dat niet een over bleef, en hen op een moordadige wyse het leeven benoomen.

Op Sondag den 9den daaraan volgende, wanneer die van buyten aankomende Compagnie Pennisten van de Stad, almeede op de Punten van 't Casteel verdeelt wierden, en de Chineesen aan het vierkant haare huysen in de brand staaken, wierd men genoodsaakt een Compagnie Borgers van 't Stadhuys derwaarts te zenden, dewelke op haar aankomst aldaar geattaqueert wierden van dat leelyk gespuys der Chineesen, waardoor ons volk sig genoodsaakt vonden, alles dat Chinees was te massakreeren, gelyk sy ons souden hebben gedaan, indien de brand na haar zin (te weeten op de Werff) had afgelopen, dierhalven quam boven dien een scherpe ordre om alles om te brengen, dat onder die Natie forteerde, behalven hunne Vrouwen, Bywyven en Slaven benevens hunne Kinderen, dewelke na de Boeyen gebragt wierden.

De heele Voorstad stond in den ligten brand, wanneer een jammerlyk gekerm gehoort wierd van de Ingezetenen haare Vrouwen. Op Maandag den 10, sag men in de Stad en Voorsteden niet dan vol doode Lyken, dewelke door ons volk, zynde Onder-Cooplieden, Adsistenten, Compagnies en Borger Ruytery, Soldaten, Matroosen en borgers waren ter neer gemaakt. Nilienking de broeder van den Kapitein Chinees wierd op heden buyten de Nieuwpoort in een Praautje en een Chinees Lieutenant Tan Sjanko, in zyn Thuyn gevangen genomen en gebonden binnen gebragt. Men was verwondert van den Kapitein der Chineesen, den voorige dag nog nagt gezien te hebben, sedert dat den Schurk in zyn huys was gevlugt, men had hem zoo veel mogelyk was geweest opgezogt, maar niet gevonden, dierhalve niet wetende waar te vinden zou zyn. Dog 't was onnodig dien Verrader verder te zoeken, vermits dat leelyk gebroetzel zich op heden morgen subtiel in Vrouwe gewaat by zyn Bywyven en Slavinnen, dewelke wel 40 in getalle waren, hadde gevoegt, en quam heimelyker wyze ten huyze uytgelopen. Den Vice Praesis der Heere Schepenen, Abraham van Dyk, die over zyn huys woonde, liet gezegde

'omtrent vier à vijfhondert stuks van dit Rot, die zig in de boeyen
bevonden [...] wierd de keel afgesneden'

Vrouw roepen, om in verzekering te brengen, maar ten
uytersten verslagen zynde, dien Moordenaar onder dezelve
te zien, niet tegenstaande zyn lange baart was afgeschooren
en in ander gewaat was, waarop hem willende laten vatten,
hy aanstonds met de vlugt dacht t'ontkomen en in 't Water
sprong. Dog dien Heer liet hem door een Jongen vervol-

gen, denwelken hy in 't Water by hem komende, meende t'ontworstelen, dog zelve een gerammasseerde sterke Vent zynde, moest zig terstond gevangen geeven, en weder by den Heer van Dyk weesende gebragt, ordonneerde den daarby zittende Kapitein van Oosten, die aldaar over de Granadiers Commandeerde, hem binnen en in 't Casteel te brengen, 't welk kort daarop geschieden, met Lont van het nog daar zynde zwaar Geschut, 't welk by gebrek van touw of boeyens moest gedaan werden, en vervolgens met een sterke Wagt in verzekering gebragt wierd.

Dingsdag den 11den deezer Maand, wierd de Stadt gezuyvert van de doode Lyken, die een afschuwelyke stank veroorzaakten, waaruyt de Pest wel zoude hebben konnen ontstaan, waartoe d'Edele Heeren Nolthenius en van Aarden Gecommitteerd waren, en by deszelfs verrigting byna in flaauwten zyn gevallen, wanneer eenige hartsterkende Middelen haar niet gerecolleert hadden. De Dakpannen wierden van alle Chineesche huyzen geworpen, ter ontdekking van de verschuilende dier Natie, waarin ook by menigte gevonden wierden en om hals gebragt, die nu en dan nog eenige tegenweer boden. Het plunderen ging nog dagelyks voort en wierden nog veel schatten gevonden, voornamentlyk in de huyzen der Verraders, Niehoekong en deszelfs Broeders, dog 't meest onder d'Aarde begraaven wesende, 't welk de Matroosjes nog wisten te vinden.

Omtrent vier à vyfhondert stuks van dit Rot, die zig in de boeyen bevonden en nu en dan opgevat waren, zoo buyten als binnen de Stad, als ook eenige uyt hun Hospitaal, wierden de keel afgesneden en in de groote Rivier geworpen, om zoo het Zeegat uyt te dryven.

De Gemassacreerde zoo binnen als buyten de Stad, werden thans op 10.000 Man gereekent, dewelke door 's Compagnies dienaaren en borgers, zoo Europeesen als Inlanders zyn omgebragt; eenige in de Stad hebben zig weinig of niet ter weer gestelt, doch anderen zoo veel te meer, met dewelke maar korte metten wierden gemaakt en naar d'Eliseesche Velden gezonden zyn.

Ook wierden 'er veele Baliers, Macasseren, Boegenesen en andere Natien meer, met volle geweer onder geleide van eenige Europeese naar boven gezonden, om dat quaat gespuys tegen te gaan en van 't leven te berooven, dewelke geduurig nog al Krygs-Gevangene afbragten, die in de Stad komende van 't zelfde Laken een broek kreegen, daar d'andere kleederen van dragen. De brant was nog niet geblust, veroorzaakt door de menigvuldige brandstoffe, die dat Vee in de huyzen hadden verborgen, en te meer om dat gemelte Wooningen sterk vernist en verlakt waren, 't welk zwaar brande en byna onblusselyk was.

't Miraculeuste is te merken, dat de Alvoorzienigheit Gods ons kragtig heeft bygestaan, dewyl d'Europeese huyzen, die zelfs in 't midden van 't Vuur stonden en byna weinig of niet beschadigt waren, by geluk gebluscht wierden.

Woensdag den 12den dezer hield en deed men nog naeuwer onderzoeking der Chineesen, en hield nog sterk aan met haar te dooden: den Vyand liet zich nog al vinden aan de buyten Portugeese Kerk op de weg van Jaccatra, Zondaak en elders anders digt by de Stad onder 't geluyt van hunne Bekkens en Trommels, dog met haar gezegde tormentum setten wy haar vleugels aan waarmede zy de vlugt namen.

Den 17den zynde op Maandag, moesten de Granadiers en Boegeneesen en Soldaten in getalle van 1500 Man onder Commando van den Capitein van Oosten, naar de kant van Tanjong-Poeree afmarcheeren. Op de Tanjong-Poeree gekomen zynde, vond men in een Bamboezen huysje eenige Chineesche Vrouwen en Kinderen, alsmede tot groote verwondering een Hollandsche Vrouw in Chinees gewaat, dewelke meergemelte Capitein te voet viel en bekent maakte, dat zy was de Vrouw van den Borger Harmenson, die als een Herbergier aldaar gewoont hadde, en door dat Chinees Gebroetsel op een deerlyke wyze was vermoort geworden, en deszelfs hooft aan een Bamboes agter het huys op de kant van den Vyver gezet worden.

Daar quam ook tyding van 't Eiland Edam, dat den 10den 's nagts voorleeden, aldaar gearriveerd was een klein Cano waarin zich de Vrouw en Kind beneffens 2 Slaaven bevonden van den Borger Groot, die op een deerlyke wyze van 't Leven was berooft geworden in presentie en aansien syner Huisvrouw, die zich in tusschentyd tot aan die Cano begeeven had, en met het zelve wat van de Wal geroeit zynde, die Moordenaars nog na haar schooten, waarvan de by haar zittende Inlandse Vrouwe getroffen wierd, en den Geest gaff, doch zy zonder eenige hindernisse verder te ontmoeten aan d'overzyde te lande quam, door 't gaeuw roeyen haarer Slaven, alwaar zy zich den geheelen dag in 't Bos ophielt en onder een Boom wat ging rusten, vervolgens des Avonds van daar gegaan en na 't Eiland Edam overgestooken was.

Eenige Geweeren der Chineesen, dewelke zy hadde nedergeworpen, met verzoek van Pardon wierden op heden door een Maleids Vaartuyg van Cheribon aangebragt, alsmede eenige der Rebellen, dewelke den Lieutenant Aarends met deszelfs volk hadden van 't leeven berooft, die zeer wel geboeit waren aan Bamboesen, die ook getuygden dat zyne Mede-Gezellen in zee zynde door 96 Chineesen welke mede geboeit, Batavia waart gebragt wierden, zouden aangedaan geweest zyn, met brandstigten, door een Lont die dat Canaille, men weet niet hoe en op wat wyze gekreegen hadden, doch gezien door een die de ronde deet, wierden zy alle door de daarop zynde Baliers Gemassacreert en in Zee geworpen; Waarmede zy volkomen genoegen gegeeven hebben.

Heden dezen Avond zyn 'er meer dan 200 stuks in de boeyen den hals afgesneeden, in kisten gedaan en 't Zeegat laaten uytdryven.

Maandag den 7den November zyn eenige van die op Mr. Cornelis, Militairende volkeren Stadwaart ingekoomen, om eenige Manschappen tot versterking dier Velt-Schans te verzoeken, dewelke ook immediaat wierden toegestaan en afmarcheerden. Deesen Avond ten 6 uuren bedankten 8 Verraders de Weerelt met scheeve nek, doordien zy na bekomen Pardon, na den Vyand waren geloopen en in Attaque wezende met ons volk, waren Gevangen gekreegen, waarop zy hun Pardonbrief toonden te gelyk haar Geweer afleggende, maar wierden in steede van losgelaten te worden, na herwaarts gebragt, en met gezegde straffe beloont.

Den 8. Niets werkwaardigs voorgevallen, dan dat heden met Sons ondergang weder vyf stux de Werelt verlieten, met het kyken van haar Regteroog na haar Linkerzak, en dat om het zelve Crimen.

JOHN GABRIEL STEDMAN
Excessen van de Surinaamse slavernij, circa 1774

Van 1772 tot 1777 verbleef de Nederlands-Schotse militair John Gabriel Stedman in Suriname. Hij diende in het huurlingenleger dat een einde moest maken aan de voortdurende guerrilla van marrons – ontvluchte slaven en hun afstammelingen – tegen de koloniale orde en vooral tegen de plantages. In Suriname was Stedman getuige van ijzingwekkende bestraffingen van slaven, vaak om het minste vergrijp, die hem steeds kritischer deden staan tegenover de Surinaamse slavernij. Een verklaard tegenstander van de slavernij werd hij niet, wel bepleitte hij een betere behandeling van de slaven. Terug in Europa publiceerde hij in 1796 zijn vuistdikke Narrative of a Five Years Expedition against the Revolted Negroes of Surinam, *die binnen enkele jaren in vijf talen werd vertaald. Geen boek over de Surinaamse slavernij is – al dan niet terecht – zo beeldbepalend geweest als de* Narrative. *Uit de Nederlandse editie van 1796,* Reize naar Suriname, *twee typerende passages.*

Den 21sten Mey 1773, stierf onze Lieutenant Colonel Lantman, en een aantal van onze Officiers waaren ziek.

In plaats van uitspanning en vreugde, oeffenden de ziekte en de dood derzelver verwoestingen onder ons uit. Dit kwaad vermeerderde van dag tot dag, en in eene verschrikkelyke maate, onder onze soldaaten. Het lyk van den heer Lantman wierd met krygsëer bygezet, in het midden van het Fort Zeelandia, alwaar alle de misdadigers in gevangenis gesteld, en de Officiers begraven worden. Ik was niet weinig ontsticht, van op deeze plaats de gevangene muitelingen en andere Negers op de grafplaatsen der dooden hunne ketenen te zien schudden, en bananen en ignames te zien braden. Zy deeden zig aan mynen geest voor, als een groot getal duivels, die, onder de gedaante van deeze Africaansche Slaven, de zielen hunner vervolgers pynigden.

Dien zelfden dag wierden zeven gevangen Negers uit deeze plaats van wanhoop gehaald, en door eenige lyfwagten naar de strafplaats gebragt, zynde dezelve tevens de begraafplaats der soldaaten en matroozen. Men hing er zes van op; en de zevende wierd met een yzeren bout levendig geradbraakt. Een blanke wierd bovendien door den beul, die in dit Land altyd een Neger is, voor het Rechthuis gegeesseld. Ik verhaal deeze strafoëffening alleen, om de afschuwelyke strengheid te bewyzen, waar mede men de slaven behandelt, naardien een Europeaan, die beter onderricht moest zyn, 'er met een ligte lyfstraf zoude afkomen, terwyl, zonder van de zes, anderen te spreken, een ongelukkige Africaan, zonder opvoeding, het leven verloor, onder folteringen, welke hy doorstond zonder een zucht te loozen, of eenige klaagstem te doen hooren, en zulks om een misbedryf, dat aan beiden gemeen was, van namelyk op het Stadhuis eenig geld ontvreemd te hebben. Een van hun, die opgehangen wierden, den strop reeds om den hals hebbende, keek boven van de galge met een glimlach van verachting de Regeering aan, die by de straffoëffening tegenwoordig was. Ik moet hier niet vergeten, dat de Neger, die den blanken geesselde, hem niet dan met het voorkomen van groot mededogen de slagen toebragt. Zulke wreedheden noodzaken my te verklaaren, dat van de Europeaanen en Africaanen welke deeze Volkplanting bewoonen, de eerstgemelden de meest ontmenschten zyn.

Myne verwondering betuigd hebbende over de onverschrokkenheid, waar mede deeze Negers zulke wreede straffen trotseerden, en ook niet minder myne verontwaardiging over deeze verschrikkelyke slagtingen, sprak my een man van een goed voorkomen, zig tot my vervoegende dus aan 'Myn heer, gy zyt kortlings uit Europa gekomen, en hebt weinig kennis van de behandeling, die men den slaven aandoet, zonder 't welk gy minder verwondering en gevoeligheid betonen zoud. Het is nog niet lang geleden', vervolgde hy, 'dat ik een Neger levendig heb zien hangen aan een galg, en wel door de ribben, waar door men eerst door middel van een mes een opening gemaakt had, om 'er een yzeren haak, aan een ketting vast gemaakt, door te steeken. De ongelukkige leeffde op die manier drie dagen, met het hoofd en de voeten naar den grond hangende. Om het vuur, het welk hem inwendig verteerde, te verzagten, poogde hy de droppelen water, (het was in het regensaisoen) die langs de kreuken van zyn ontvlamden borst afdroopen, met zyne tong op te vangen. In weerwil van deeze afschuwelyke foltering liet hy geen enkelen weeklagt hooren; en zelfs deed hy aan een Neger, wien men door geesselslagen onder de galg vanéén reet, een verwyt over het geschreeuw, dat dezelve maakte. Hem by, zyn naam genoemd hebbende, zeide hy hem: "Da Boy Facy; zyt gy een man? gy gedraagt u als een kind!" – Eenige oogenblikken daar na had de schildwagt, die by hem post hield, mededogen met zyne folteringen, en maakte 'er een einde van, door hem met de kolf van zyn snaphaan een slag op het hoofd te geven.'

Dezelfde persoon voegde 'er by: 'Ik heb een anderen Neger levendig zien vierendeelen. Vier sterke paarden trok-

'De ongelukkige leeffde op die manier drie dagen [...]. In weerwil van deeze afschuwelyke foltering liet hy geen enkelen weeklagt horen'

ken hem aan armen en beenen. Men duwde hem yzere nagels tuschen alle zyne voeten, en toonen, zonder dat de pyn hem de allerminste beweging deed maken. Om een glas brandewyn gevraagd hebbende, zeide hy, al gekscheerende, aan den beul, dat deeze 'er eerst van zoude proeven, uit vreeze van vergeven [vergiftigd] te zullen worden. Vervolgens beval hy hem aan wel toe te zien, dat zyne paarden behoorlyk trekken zouden; en hy stond zyne verschrikkelyke straf door zonder een zucht te loozen. Niets is voorts in deeze Volkplanting meer gemeen, dan dat men oude lieden levendig ziet radbraaken, en jonge vrouwlieden aan paalen vast ketenen, om aldaar door een langzaam vuur verbrand te worden.'

Ik was verstyft op het hooren van zulke verschrikkelyke verhaalen: de neerslagtigheid en droefheid, die zulke afgrysselyke toneelen in my verwekten, lieten my naauwlyks toe, om naar myn huis te rug te keeren.

Den eersten Mey 1775, aan den oever der Rivier wandelende, vernam ik, dat 'er eene groote meenigte volks voor het huis van Mevrouw S.... vergaderd was, alwaar ik eene verschrikkelyke vertooning zag. Een ongelukkig Mulatten meisje was 'er het voorwerp van. Zy baadde in haar bloed. Men had haar op eene wreedaartige wyze in den strot gestoken, en negen of tien steeken in de borst op verschillende plaatsen gegeven. Men beweerde, dat dit het gevolg was van de jaloersheid van dit helsche beest, Mevrouw S..., die haaren man verdacht hield, dat hy op dit ongelukkig meisjen verliefd was. Dit wangedrocht van een wyf heb ik reeds bevoorens aangehaald, doen zy een onnoozel kind, welks geschrei haar hinderde, verdronken had. Men beschuldigde haar zelfs van eene nog grootere wreedheid, indien 'er grooter zyn konde! Op zekeren dag op haare Plantagie komende, om aldaar eenige slaven, die in 't kort gekocht waren, te bezigtigen, viel haar oog op eene Negerin van omtrent vyftien jaaren, die de taal niet verstond. Bemerkende, dat deeze jonge dogter zeer schoon was, dreef haare verfoeijelyke jaloersheid haar op 't oogenblik, om dit meisjen met een gloeiend yzer, aan de wangen, den mond, en het voorhoofd te mismaken; zy sneed haar ook de pees van Achilles aan één haarer beenen af, en maakte haar alzoo tot een gedrocht van leelykheid.

Eenige Negers deeden haar, by deeze gelegenheid, vertogen omtrent de wreede straffen, welke zy dagelyks uitoeffende, en verzogten haar, om haare slaven met meerder menschelykheid te behandelen. Men verhaalt, dat Mevrouw S....., woedend kwaadaartig wordende, dadelyk aan een ongelukkig slaven kind, zig aldaar bevindende, de hersens insloeg, en vervolgens aan twee jonge Negers, die dit kind in den bloede bestonden, en deeze schenddaad hadden willen beletten, het hoofd deed afslaan. Toen zy de Plantagie verlaten had, wierden de beide hoofden in een zyden doek gewonden, en door derzelver vrienden naar Paramaribo gebragt, alwaar zy ze voor de voeten van den Gouverneur nederleiden, en hem de volgende aanspraak deeden.

'Zie hier, uwe Excellentie, het hoofd van mynen zoon, en zie hier dat van zynen broeder (op zynen makker wyzende), welke onze meesteresse heeft doen afhouwen, om dat zy één der moorden, die zy dagelyks begaat, hadden willen voorkomen. Wy weten wel, dat, vermits wy slaven zyn, men ons getuigenis niet aanneemt; maar indien deeze bloedende hoofden voor een genoegzaam bewys verstrekken van het geen wy zeggen, smeeken wy, dat de vernieuwing van dergelyke wreedheden moge belet worden: wy zullen daar voor eeuwig dankbaar zyn, en met genoegen ons bloed plengen voor het behoud van onzen meester, onze meesteresse, en van de geheele Volkplanting.'

Men gaf deeze ongelukkigen ten antwoord, dat zy leugenaars waren, en dat men hen veroordeelde, om op alle de straaten van Paramaribo gegeesseld te worden. Dit onrechtvaardig vonnis wierd met de grootste wreedheid ter uitvoer gebragt.

De wetten deezer Volkplanting brengen mede, dat men aldaar nooit het getuigenis van eenen Neger aanneemt. Indien by den moord, door my verhaald, een blanke was tegenwoordigt geweest, zoude zyn getuigenis bestaanbaar geweest zyn; maar dan zou deeze afschuwelyke boosdoenster vry geweest zijn met de betaaling eener boete van vyftig ponden sterling voor elken doodslag. – Maar laat ons eindigen. – Myne ziel heeft een weerzin, om nopens zulke onderwerpen breeder uit te wyden.

PHILIP PHOEL
De Curaçaose slavenopstand, 1795

In 1795 kwamen op Curaçao meer dan duizend slaven in opstand. Hun aanvoerders waren Tula en Karpata. De opstandelingen werden mede geïnspireerd door nieuws uit de naburige Franse kolonie Saint-Domingue, het huidige Haïti, waar hun lotgenoten in 1791 met succes de wapens hadden opgenomen tegen hun onderdrukkers. Tula sprak duidelijke taal tegen pater Schink, die door het koloniale gezag was uitgestuurd om de gemoederen te sussen. 'Wij zijn al te zeer mishandelt, wij zoeken niemand kwaad te doen, maar zoeken onze vrijheid, de fransche negers hebben hunne vrijdom bekoomen, Holland is ingenomen door de franschen, vervolgens moeten wij ook hier vrij zijn [...]. Heer Pater koomen alle menschen niet voort uit een vader Adam en Eva? [...] Eens werd ik vastgebonden, ik riep zonder ophouden genaade voor een armen slaaf, tot ten laasten losgemaakt zijnde, golfde 't bloed uit mijne mond, ik wierp mij op mijn knien, en riep tot God; O Goddelijke Majesteit! O Suijverste Geest! Is 't dan Uwen wil dat wij zoo mishandelt worden! Ach Pater men draagt meer zorg voor een beest, als een beest een been breekt 't wordt geneezen [...].' De opstand, de belangrijkste in de geschiedenis van het eiland, werd uiteindelijk in bloed gesmoord, de leiders werden gruwelijk om het leven gebracht. Op Curaçao werd in 1999 een standbeeld van Tula en twee van zijn medestanders onthuld, waar de opstand jaarlijks op de begindatum, 17 augustus, wordt herdacht. Een tijdgenoot, Philip Phoel, tekende het volgende relaas en commentaar achteraf op.

Zy meenden nu in staat te zyn om de blanken van het eiland te verdryven en een neger gouvernement op te rigten; zy kozen nu tot opperhoofd een zekeren Toela die de grootste van den hoop was en die tevens naar hun zin wist te praten; ten tweede in kommando, Bastiaan Carpata, vervolgens Louis Merchier, Toussaint en anderen.

Nu vonden zy het ook doelmatig dat zy den eed van getrouwheid aan hunnen verkozene opperhoofden zouden afleggen, doch dit geschiedde op eene heel andere wyze, dan zulke gewonelyk geschiedt; allen die in de broederschap ingewyd werden dronken hun *agua di juramentu* (water van bezwering) dit was water met rum en kruit gemengd, en degenen welke weigerden zulks te drinken werden beschouwd tot de party der blanken te behooren. Verder kwamen zy overeen dat zy voortaan geen blanken meer Sjoor [*shon*, eerbiedige aanspreektitel], Sjoor Hombre, of Sjoor Moheer, zouden noemen.

Van Sint Kruis trokken de rebellen onder het gerommel van den tamboer oostwaarts op, en hunnen troep groeide telkens aan, terwyl de slaven der plantagien waar zy voorby trokken zich tot hen voegden, bevrydende een twintigtal negers die hier en daar om wangedrag in boeijen waren gezet.

Tot nu toe hadden zy geene andere buitensporigheden bedreven dan de magazynen open te breken en de mais er uit te halen als ook vee te slagten tot hun gebruik, doch op Hermanus komende, sloegen zy aan het plunderen, braken de kasten open en namen weg hetgeen zy goed vonden.

By het uitbreken van den opstand waren de blanken uit de beneden kontrei naar de stad gevlugt, hetwelk de rebellen wier oogmerk toen nog zoo misdadig niet was hadden toegelaten. De Heer A. de Veer benevens zyne vrouw en schoonmoeder op Sint Heronimus die het eerste oogenblik van allarm verzuimd hadden om te vertrekken benevens de Heer Le Sire te Patrik, zagen naderhand geene kans meer om te ontkomen; zy waren genoodzaakt om hunne slaven met allerlei schoone woorden te paayen ten einde zich het leven te redden. Behalve deze personen waren er twee ruiters gevangen genomen op de Battery te Sint Kruis, die aldaar de wacht hadden. De negers welke sedert hunne vroegste jeugd gewend waren om de blanken als wezens te beschouwen die boven hen verheven waren, werden hierdoor weerhouden om by de eerste oogenblikken van opstand hunne gevangenen woestelyk dood te slaan, doch het was te vrezen dat schielyk die indruk voor ontzag jegens de blanken zou verminderen en dat zy als dan hun leven zouden aanranden.

Hoewel de rum alleen reeds geschikt is om des menschen verstand te benevelen en hem dol en razend te maken, zoo vond een vrye neger genaamd Boelbaai daarentegen nog een middel uit om de gevaarlyke uitwerking van den sterken drank te vermeerderen, door zekere ingredienten in den rum te doen; allen die van deze nieuwe *agua di juramentu* dronken, geraakten niet alleen beschonken maar werden daarenboven volkomen uitzinnig, woedend en razend; zy zworen onder allerlei eden elkander getrouwheid en spraken de ysselykste vervloekingen uit over die welke hun eedgespan zou ontrouw worden en besloten nu niet als in het begin om zich vry te vechten en zich met de blanken gelyk te stellen maar om alle blanken zonder onderscheid te vermoorden.

Verder werden er van hen afgevaardigden gezonden naar de stad en de boven kontrei om de negers aldaar ook tot opstand te bewegen, terwyl de Fransche negers uitstrooiden dat Rigeau het neger opperhoofd van St. Domingo eerlang met eene aanzienlyke magt hun ter hulp zou komen; ook hadden zy spionnen uitgezonden naar de stad, die hen berigtten dat de militairen geweigerd hadden uittetrek-

Nel Simon, Desenkadena (Ontketend), monument
op Curaçao ter nagedachtenis aan de slavenopstand van 1795

ken, doch dat het gouvernement de vryelieden hiertoe zou gebruiken en dat deze juist van zins waren om tot de negers overteloopen; door deze berigten werd de moed meerder opgewekt; de geheele beneden kontrei tot aan den Grooten Berg toe raakte in hun bezit en zelfs liepen de slaven van de oostelyke streken tot hun over, waardoor hun getal uit omstreeks een paar duizend zal bestaan hebben. Het getal der negers die zich naar de stad begaven om hunne onderwerping te kennen te geven of die zich stilhielden op de plantagien zelve, was maar zeer gering.

De vrye negers uit de beneden kontrei gedroegen zich by die gelegenheden zeer slecht; zy bewezen de rebellen allen mogelyken dienst en geen hunner heeft zich toen maals of naderhand tot de troepen gevoegd.

De kolonie was hierdoor in groot gevaar, want men moest vreezen dat de slaven in de stad en boven kontrei insgelyks in opstand zouden geraken of zich by de rebellen voegen.

Onderwyl begaf zich de Roomsch Catholyke Pastoor Schink tegen den avond naar Porto Marie, alwaar de meeste opstandelingen zich bevonden, zynde van wege de regering belast om hen door redenen van hun onbetamelyk gedrag te overtuigen en hun tot hunnen pligt terug te brengen; men vleidde zich dat de woorden van hunnen geestelyke eene gunstige uitwerking zouden hebben; pater Schink te Porto Marie aangekomen zynde, vond er een groot getal negers om het huis en op het plein verstrooid; zy bragten hem in huis alwaar ook beide de gevangene ruiters waren; men stelde hem Toela voor, die met een degen gewapend was en door de andere kapt. werd genoemd.

Allen nieuwsgierig zynde wat de Pastoor kwam zeggen, plaatsten zich om hem henen; deze begon zyne zending door te vragen wat hun bewoog om tegen het gouvernement te rebelleren; Toela nam hierop het woord en bragt luide klagten in over de slechte behandeling die de slaven hier moesten ondergaan, en zeide dat de Fransche negers thans vry verklaard waren, dat Holland door de Franschen was veroverd en dat daarom de Hollandsche negers ook vry moesten zyn, en wyl de planters hen niet wilden vrygeven zoo hadden zy zich zelven vry gemaakt even als de slaven van San Domingo gedaan hadden; daar was de opstand wel gelukt en te Curaçao zal dezelve ook wel gelukken. Pater Schink stelde hen de zwarigheden voor, die hier voor hen bestaan boven San Domingo: daar zyn gebergtens en hier niet; daar is een vruchtbaar land en overvloed van levensmiddelen en hier eene drooge en barre streek; daar zyn de opstandelingen talryk en hier klein in getal; hy zag dus hun ondergang te gemoet en kwam hen van wegens de regering eene algemene vergiffenis belooven indien zy zich wilden onderwerpen; hy hoopte dat zy op zyne woorden zouden achtslaan, want hy was hun herder en priester die hen lief had en hun gaarne behouden wilde; waarop een Fransche neger zeide 'le curé vient ici pour nous coyonner' ['De pater komt hier om ons te bedonderen'].

Doch Toela welke vreesde dat de anderen zich door den Pastoor zouden laten overhalen, gebood hen allen om zich te verwyderen, doch toen zy geen acht sloegen op zyne woorden joeg hy hen allen met een snaphaan schot uit het vertrek; de Pastoor werd vervolgens in de slaapkamer gebragt en door de negerinnen gediend; toen hy alleen was hoorde hy hen Fransche vryheidsliedjes zingen en het gevaar van zyne toestand kwam hem voor zeer groot te zyn want hy vreesde mogelyk door de rebellen als gyzelaar gehouden te worden; doch het zy dat zy hieraan niet dachten, of dat zy ontzag voor hun priester hadden, hy werd wel behandeld; men diende hem des morgens koffie voor; zadelde voor hem een paard en deed hem een beleefd uitgeleide, hem echter verzekerende dat zy zich niet zouden onderwerpen maar vry wilden wezen.

Alvorens den aanval te beginnen zocht de kommandant de muitelingen nogmaals door woorden tot rede te brengen, hy reed met een serjeant vergezeld naar hen toe, trad met hen in gesprek, doch drie schoten welke zy deden noodzaakten hem om alle verdere onderhandelingen te staken.

De rebellen stonden geschaard in het huis, op het plein, achter een heuvel en in het kreupelhout; en men rekende dat hun aantal meer dan duizend moet bedragen hebben, waaronder men ook eenige negerinnen zag; de troepen door Westerholt gekommandeerd beliepen omstreeks 200 man, namelyk 93 militairen, 62 mariniers en de burgers welke laatste toenmaals niet goed georganiseerd waren en welker geweren zich in slechten toestand bevonden. – De kans was hagchelyk, want de muitelingen hoe slecht ook gewapend, waren byna alle wel gevormde mannen en ruim bedeeld met physike krachten. Van dit gevecht hing zeer veel af; indien het ten voordeele der rebellen uit mogte vallen dan zoude de geheele slavenbevolking in opstand zyn geraakt; viel het ten hunne nadeel uit dan leerden zy de overmagt kennen van geregelde troepen en het schietgeweer boven enkel physike krachten en wapenen van steenen en stokken.

De rebellen die door het voordeel van den 18den Augustus moedig waren geworden, bleven een aanval afwachten, doch toen er negen van hen waren doodgeschoten en verscheidene gekwetst geraakt, zetteden zy het op een loopen met zulk eene snelheid dat zy naauwelyks door het paarde volk konden achterhaald worden; een twaalf tal werden gevangen genomen en door de burgers naar de stad gevoerd; by deze gelegenheid werden ook de beide ruiters die gevangen geweest waren verlost.

Uit dit gevecht leerden zy hoe weinig zy tegen eene geregelde krygsmagt op het vlakke veld vermogten; de hoofden weken dus naar den berg van de Fontein en verzamelden aldaar hunnen verstrooide manschappen; op dezen moeyelyk te beklimmen berg zochten zy zich te verschansen en staande te houden.

Terwyl de troepen te Engelenberg lagen wilde de huisonderwyzer van St. Martha, Sabel geheten, zich naar laatstgenoemde plantagie begeven om eenig goed te halen dat hy had moeten achterlaten; men ried hem zulks af, wyl de negers hoewel zy tot nog toe geen moord gepleegd hadden door het sneuvelen van sommige hunner, wraakzuchtig konden geworden zyn en den dood hunner makkers op hem wreken; doch Sabel vertrouwde op de goede verstandhouding waarin hy altyd met hen had geleefd en op de vlugheid van zyn paard, reed met zyn sabel gewapend naar St. Martha; in huis zynde werd hy door de negerinnen gewaarschouwd om zich terstond weg te begeven toen zy vier der rebellen zagen aankomen; een oude neger wilde hem verbergen doch de man meende hen wel te kunnen ontkomen; hij sprong op zyn paard doch de negers hem ziende zochten hem den weg aftesnyden; Sabel sloeg een verkeerden weg in, werd achterhaald kreeg een sabelhouw aan het hoofd en werd gevangen genomen; een der rebellen Pedro Wakao bond hem geboeid aan den staart van zyn paard en sloeg den weg naar Fontein in; Sabel die niet lang met loopen kon uithouden viel ter aarde en werd zoodoende drie uren voortgesleept over een ruwen weg; den volgenden dag toen den berg aangevallen werd maakten zy hem verder af op dat hy niet door de blanken zou verlost worden.

Den 25sten Augustus was alles tot den aanval gereed; de kommandant liet echter nogmaals de oproerigen vergiffenis aanbieden, uitgezonderd de opperhoofden, doch Toussaint antwoordde in aller naam 'nous sommes ici pour vaincre ou mourir' ['wij zijn hier om te overwinnen of te sterven']. Om van het gekozene punt van aanval de vyanden afteleiden deed men als of men den berg wilde beklimmen waar een gebaande weg was; hier was ook een der beide stukken geschut geplaatst; het andere was geplaatst op eene hoogte en speelde op het vlak van den berg en verwyderde de rebellen van hunne steen hoopen; de troepen beklommen nu den berg aan de moeyelykste zyde die met dorenstruiken en cactus soorten was begroeid; overreikende elkander beurtelings het geweer; by deze gelegenheid werd een der vrywillige burgers de Heer Brugman door de borst geschoten, die korte tyd hierna overleden is; toen de troepen de top des bergs bereikt hadden deden zy eene decharge en de rebellen die te Porto Maria de noodlottige uitwerkselen van een geregelden aanval hadden leeren kennen, dachten aan geene verdere verdediging: een zes honderd hunner die op den berg waren, sprongen allen tegelyk naar beneden, en even als zoo vele kabrieten [geiten] sprongen zy van de eene klip tot de andere over dieptens en kloven heen en ontvlugten door struiken, cactus of kadoesjes [soort zuilcactus], zoo dat zy noch door de kavalerie noch door de infanterie konden achterhaald worden; er waren toch eenige hunner gedood of gekwetst; en de meesten dezer wel by de volgende krygslist:

telkens als men het geschut met schroot geladen had en dat men de lont aan het sintgat bragt bukten de negers zoodra zy het blikvuur zagen achter eene trankeer [verschansing] en lieten het schot over hun hoofd gaan; daarna verhieven zy zich weer met een ontzettend geschreeuw en wachten tot dat het stuk weer geladen was; men bedroog hen eindelyk door het afsteken van kruid dat zy meenden het blikvuur te zyn, waarop zy denkende dat het stuk reeds afgestoken was op nieuw ten voor schyn kwamen, welk oogenblik men waarnam door een schot schroot onder hen te zenden dat eenige doodde en kwetste.

Ondertusschen werd er van de regering afgekondigd de volgende beloning voor diegene welke een der hoofden van den opstand levend of dood zouden uitleveren: vergiffenis indien zy zich zelve aan rebellie hadden schuldig gemaakt. Een vrybrief voor een slaaf en 25 gouden johannissen voor een blanke of vrye gekleurde.

De regering vond vervolgens goed om voor eenige dagen embargo op de vaartuigen in de haven te leggen ten einde het gerucht van den opstand niet vergroot naar andere gewesten zou overgevoerd en daardoor den handel gestremd worden.

Ook werden den 27sten Augustus negen der meest schuldigen ten galge gedoemd en hunne lyken aan de kaak op het rif ten toon gehangen.

Vele der rebellen die begonnen intezien dat de opstand mislukken zou kwamen te St. Jan by den kommandant om genade verzoeken; deze gaf hun een briefje van pardon en zette hun aan het werk; de opstooker Toussaint wist zich heimelyk onder de werkende negers te plaatsen doch hy werd ontdekt en gevat; de kommandant die eertyds een afkeer had gehad voor wreedheid was op het gezigt van het gemartelde lyk van Sabel in woede tegen de rebellen ontstoken, toen hy dan volmagt van de regering had ontvangen meende hy dat voorbeelden van eene buitengewone gestrengheid thans noodzakelyk waren: hy liet Toussaint en de andere gevangenen de handen en voeten afkappen en in zee werpen; den volgenden dag vond men Toussaint op het strand gespoeld en nog levend, kermende van den dorst; men leschte zynen dorst met een snaphaan schot voor altyd.

Na het afkappen der handen en voeten volgt niet altyd eene doodbloeding; na de eerste felle straal van het bloed dat door de polsader met kracht voortgestuwd wordt, gaat het bloed slechts voort by droppels uit de aderen en bloedvaten te vloeyen; eindelijk stolt hetzelve en de uiteinden der aderen sluiten zich: het is deze weldadige natuurwerking die meenig gekwetste op het slagveld in het leven behoudt.

De rebellen werden achter een volgens verdreven van den St. Christoffelberg, de Zeven Bergen en St. Kruis, waarby zy alle hunne levensvoorraad verloren en daar zy geen ander vonden, konden zy zich niet meer in groote hoopen by een houden, maar verstrooiden zich. – Daar de blanke troepen te veel afgemat werden door hen gedurig te vervolgen zoo richtte men vier kompagnien zwarten op met kapiteins van hunne kleur aan het hoofd; deze neger troepen welke deel gehad hadden aan den opstand werd vergiffenis beloofd indien zy de opstandelingen konden meester worden; dit gelukte ook naar wensch; zy maakten een algemeene jagt en bragten een groot getal gevangenen in het hoofd kwartier die schuldig bevonden zynde aan opstand, plundering en brandstichting door een krygsraad ter dood veroordeeld werden; de meest schuldigen werden geradbraakt waarna zy met hunne gebrokene ledematen somtyds tot den volgenden dag nog in leven bleven. Deze strenge straffen verwekten op het ruwe gemoed der slaven zulk een schrik dat de overigen zich in geheele hoopen by den kommandant kwamen aandienen en om genade smeken, zoo dat er binnen vier dagen meer dan duizend vrypassen werden afgeleverd; men sneed echter de gene welke zich by den opstand hadden bevonden een stuk van het oor af om hen te kunnen onderscheiden;

elke slaaf begaf zich hierop weder naar zyne plantagie; Toela en Bastiaan Carpata die zich verborgen hadden werden eindelyk ook gevat en hiermede nam den opstand een einde.

Na dat de kommandant dertig mannen te St. Kruis had achtergelaten om een wakend oog te houden over die welke tot onderwerping waren terug gekeerd kwam hy den 19den September in de stad terug, met zich voerende de hoofden der opstandelingen, zynde Toela als chef der neger republiek op eene koddige wyze door de soldaten opgeschikt.

De regering begon terstond het verhoor der aangeklaagden en onderzocht naauwkeurig de redenen die hen tot opstand bewoogen hadden; behalve het stelsel van vryheid en gelykheid dat door de Fransche negers aangebragt en onder hen verspreid was gaven de aangeklaagden eenparig nog de volgende redenen die hun tot rebellie bewogen hadden: 1. Dat zy voor hunne meesters des Zondags brandhout moesten kappen voor de geheele week, 2. Dat de slaven gedwongen werden om van hunne meesters en meesteressen kleederen, enz. te koopen tot een zeer hogen prys en dat de betaling hiervoor van hun wekelykse rantsoen werd afgehouden, 3. De gewoonte om voor de misdaad van een eenige de geheele menigte te straffen zoo dat voor een schuldige somtyds honderd onschuldigen moesten boeten.

Na eene rype overweging werden de volgende sententien over de belhamels van den opstand uitgesproken: Toela als opperhoofd der rebellen werd veroordeeld om van onder op geradbraakt te worden, vervolgens in het aangezigt geblakerd en het hoofd afgehouwen te worden.

Bastiaan Carpata, de tweede kommandant als gift menger en brand stichter moest op een kruis gebonden het vonnis van Toela aanschouwen en dan dezelfde straf ondergaan.

Pedro Wakao, de moordenaar van Sabel, om by de beenen om het schavot gesleept te worden, de handen afgekapt en vervolgens het hoofd met een yzeren moker verbryseld te worden. Eenigen anderen minder schuldig om als rebellen en plunderaars gehangen te worden. De lyken werden na de volvoering van het vonnis in zee geworpen, doch de beide afgehouwen hoofden op het rif ten toon gesteld.

By dezen opstand zyn meer dan honderd der neger slaven omgekomen, van welker getal omstreeks dertig in de onderscheidene gevechten zyn gesneuveld of aan hunnen wonden overleden; zes en twintig zyn in de stad by vonnis ter dood gebragt en de overigen op de beneden posten door een krygsraad geëxecuteerd; daarenboven zyn er velen der minschuldigen gegeseld en van het land verkocht geworden.

Aan de zyde der blanken is behalve de gemelde Heer Brugman en de ongelukkige Sabel niemand omgekomen dan de Heer W. van Utrecht, die gewond werd door het afgaan van zyn eigen pistool aan welke wond hy overleed. Ook zyn eenige der militairen gekwetst, hoewel geene zeer gevaarlyk.

In weerwil dat er reeds dertig jaren sedert dezen opstand verloopen zyn, zoo zal de overdenking der strenge straffen die op de schuldigen zyn uitgeoefend ons nog met weemoed vervullen; doch men moet ook in aanmerking nemen dat indien het de muitelingen gelukt ware meester der kolonie te worden de aanzienlyksten der ingezetenen die in hunne handen zouden vallen zyn hetzelfde lot zouden gehad hebben als de ongelukkige planters van eene naburige kolonie die zich in de magt van Dessalines bevonden. Ook waren ten dien tyde die zelfde wreede strafoefeningen in het moederland en elders gebruik en misdaden van gelyken aard werden op dezelfde wyze gestraft.

De schade die de ingezetenen geleden hadden door plundering, verwoesting, brand en verlies aan slaven was zeer aanmerkelyk.

De regering nam vervolgens maatregels om te beletten dat de slaven niet langer het onregt wierd aangedaan dat zy voorgaven hun tot opstand bewogen te hebben.

De kapitein kommandant van Westerholt werd voor zyne

bewezene diensten door de planters met een degen met een gouden gevest vereerd.

Q.M.R. VERHUELL

De dood van Thomas Matulesia en Martha Christina Tiahahu, 1817

Thomas Matulesia, beter bekend als Pattimura, was de leider van de opstand op het Molukse eiland Saparua in 1817. Deze opstand was gericht tegen de terugkomst van de Nederlanders na het zesjarig bestuur van de Britten, dat een minder dwingend karakter had gehad dan het Nederlandse. Het verzet tegen de terugkerende Nederlanders begon in mei met een aanval op het fort Duurstede op Saparua, waarbij de hele familie van de Nederlandse resident, op zijn zesjarige zoontje na, werd gedood. Een bloedige strijd maakte uiteindelijk een eind aan de opstand. Pattimura en zijn medeleiders werden naar Ambon gebracht waar zij werden berecht en in in december 1817 terechtgesteld. Q.M.R. Verhuell, een jonge kapitein-ter-zee die deelnam aan de expeditie tegen de opstandelingen, schreef een ooggetuigeverslag van de gebeurtenissen.

Thomas Matulesia was een man van ongeveer vier-en-dertig jaren oud, rijzig van gestalte, schraal van wezen, van een duister uitzigt, dat evenwel niet veel sprekende of vernuftigs had. Hij was geheel in gedachten verzonken, en als verplet door zijnen val. Hij antwoordde bijna op niets, wat hem gevraagd werd. De Ternataansche Prins O. Toussan, opperbevelhebber der vloot Corra Corra's, die van tijd tot tijd mij aan boord een bezoek gaf, en een liefhebber van een glas rum en water was, (dat hij echter, ingevolge de wetten van Mahomed, niet mogt drinken, waarom hij, alvorens hij zich daarmede vergastte, de deur van de kajuit zorgvuldig sloot); deze vorst vroeg hem, hoe hij zoo onberaden kon zijn, om tegen zulk een magtig volk als de Compagnie, (waarmede hij de Nederlanders meende) den oorlog te durven voeren. Hij antwoordde niets, maar zag den Prins met een oog vol verachting aan. Hij was een Amboinees van geboorte en belijder van de gereformeerde godsdienst, burger van Saparoua, en Sergeant-Majoor geweest onder de Britsche inlandsche militie. Eene meer beschaafde opvoeding, zijne bedrevenheid in het lezen, schrijven en eenige militaire kundigheden hadden hem tot hoofd des opstands verheven. Hij was gedurende dien tijd meest gekleed in eene uniform, en versierd met de epauletten van wijlen den Majoor der Genie Beetjes, bij de uitbarsting des oproers omgekomen. Hij droeg een' hoed met pluimen en eene sleepsabel op zijde. Men had hem dikwijls te paard gezien, van eene bende scherpschutters omgeven, wanneer hij de onderscheiden werken in oogenschouw nam. Hij had den weidschen titel aangenomen van: Panhoelo Parangan, di atas poelo Honimoa, Haroeka, Noessa Laut, Ambon, Ceram, dan lain Jang ber kot; dat is: opperhoofd des oorlogs, over de eilanden: Honimoa, Haroeka, Noessa Laut, Amboina, Ceram en nabij gelegen kusten! Wanneer het een of ander niet naar zijn genoegen was, dreigde hij, zijn gezag neder te zullen leggen; – dan smeekte men hem, zulks niet te doen; en hij verkreeg zijn' wil. Zoodanige meerderheid had hij zich over zijn domme landslieden weten te verschaffen.

Voor het overige is, zoowel zijne inborst, als zijne handelwijze als opperhoofd, reeds gebleken uit het geval van den Heer Feldmann, die, gelijk aldaar omstandig vermeld werd, drie dagen in doodsangst bij hem doorbragt.

Het hoofd onmiddellijk onder hem in rang was de Kapitein Anthonij Rhébok, van een der oudste familiën van Saparoua. Zij waren van ouder tot ouder in Compagnie's dienst geweest. Men verhaalde in het algemeen, dat hij de eerste aanstoker van het oproer geweest was. De ongelukkige en onvoorzigtige Resident Van den Berg had hem smadelijk bejegend. Naar den aard dezer Indianen had hij zich bloedig gewroken. Hij was een bijzonder sterk, welgemaakt man, van 40 jaren, met forsche, echter goedaardige, wezenstrekken.

Zijn grijze vader kwam op eenen morgen bij mij aan boord, om zijnen gevangen zoon te bezoeken, en verzocht mij te mogen spreken. Hij viel op de knieën voor mij neêr, en smeekte om een' eerlijken dood voor zijn kind. 'Wij zijn altoos, als eerlijke brave lieden, bij de Compagnie bekend geweest;' zeide de grijsaard snikkende, 'en nu dale ik eerloos ten grave. Mogt mijn zoon door den kogel sneven; want, ingevolge de wet van God en mensch, heeft hij den dood verdiend!' Ik was begaan met de tranen van dien ouden man. Al wat ik doen kon, om hem te troosten, was de belofte, dat ik door mijnen zeer geringen invloed bij den Commissaris-Generaal trachten zoude, dat aan zijne begeerte voldaan werd.

Den 6den December vierden wij met hartelijke vreugde den verjaardag van den Prins van Oranje, die grootmoedig zijn bloed stortte voor de onafhankelijkheid van het dierbaar Vaderland.

De geheele Ternataansche en Tidoreesche oorlogsvloot, sterk vijfenveertig Corra Corra's, was hier thans vergaderd, en konde getuige zijn van het te regt stellen der hoofdmuiters, dat den 16den van deze maand plaats had vóór het Raadhuis, op het plein, buiten het kasteel Nieuw Victoria, op het zoogenaamde groene zoodje. Den avond van te voren bezocht ik de ter dood veroordeelden in hunne gevangenis. Het opperhoofd Thomas Matulesia vond ik omringd van Schoolmeesters, om zich door het onophoudelijk zingen van Psalmen voor den dood te bereiden. Hij stond onder de lamp, die in het midden van de gevangenis aan den zolder hing. Zijne gelaatstrekken waren kalm. Geheel met de godsdienstoefening bezig, scheen zijne ziel sterk ingespannen te zijn; niets kon hem aftrekken; voor alles, wat hem omringde, scheen hij onverschillig. De andere muitelingen namen een in zich zelven gekeerd stilzwijgen in acht.

Op den morgen van de strafoefening ontscheepten al de divisies der schepen, onder het kommando van den eersten officier van Z.M. schip *de Evertzen*, den Luitenant van de eerste klasse Steenboom. Zij schaarden zich op het plein in bataille; en nu kwamen onze hulptroepen, de Alfoeren [bewoners van het binnenland van Ceram], aan den wal, uitgedost op hunne wijze, met lange vederen in de haren, als ten oorlog uitgerust. Zij rangschikten zich op de bevelen hunner opperhoofden mede op de plaats des gerigts.

Om zeven ure naderden de hoofden der muiters Thomas Matulesia, Chef, Anthony Rhébok, Kapitein, Philip Latoemahina, Luitenant, en de Radja van Sierie Sorry Sajat Printa. Het vonnis van den Raad van Justitie werd hun voorgelezen. Toen Matulesia hoorde, dat zijn ontzield ligchaam ten eeuwigen dage in eene ijzeren kooi zoude hangen, opdat het, al ware hetzelve tot stof vergaan, nog ten afschrik zoude dienen voor zijne gruweldaden, ligtte hij even het hoofd op, en zag toen weder strak voor zich neêr.

Eerst werd Latoemahina gerigt; doch deze, een zwaar man zijnde, viel door het breken van den strop van boven neêr, en werd bijna levenloos, andermaal de ladder opgesleept, en voor goed gehangen. Toen kwam de beurt aan Rhébok, voorts aan den Koning van Sierie Sorry, en laatstelijk aan Matulesia. Hij stapte onbeschroomd de ladder op, en boven komende, toen hem de noodlottige strop om den hals geslagen was, groette hij de regters zeer nederig, en zeide met eene bedaarde stem: '*slammat tingal Tuang Tuang,*' eene Oostersche wijze van groeten, dat letterlijk een gelukkig achter- of terugblijven beteekent; en hij stortte in de eeuwigheid. De lijken werden naar de buitengalg gebragt, en Matulesia in eene langwerpige ijzeren kooi gehangen.

Dus nam dit treurtooneel een einde, ten spiegel voor de volkeren dezer eilanden. Het is te wenschen, dat de indruk, dien deze strafoefening gemaakt heeft, van duur mag zijn, en het vuur des oproers nimmer meer onder de vreedzame en gelukkige inboorlingen dezer, door de milde natuur zoo rijk begiftigde, eilanden, moge uitbarsten!

Negenendertig muitelingen werden bij mij aan boord gezonden, bestemd om hunnen levensloop in ballingschap, in de koffijtuinen van Java, te eindigen. Onder dit getal bevonden zich eenige voorname Indianen, zoo als Hehanoesa, Radja van Titowaay, Pattywaal, Radja van Tiouw, J. Sajetappi, de grijze Opperschoolmeester van Saparoua, en Patty Goela, Orangkaija [dorpshoofd] van Wakkal, en tot mijne verwondering de beruchte Tjakileerster, of voorvechteres van Noessa Laut, Christina Martha. Dit heldhaftige meisje was den Schoolmeester op Noessa Laut, waarbij zij door de menschlievendheid van den Commissaris-Generaal besteed was geworden, ontvlugt, en had eenzaam in de bosschen rondgezworven, zich met wilde vruchten generende. Weldra werd zij door hare landslieden, vervuld van bijgeloovige grillen, voor eene tooveres, of Sawah (een booze geest) gehouden, van welke zij smeekten ontslagen te worden; zoodat de Commissaris-Generaal het eiland van deze kwaadvoorspellende jonge dochter begreep te moeten zuiveren.

Ik liet dit, voor de Indianen zoo gevaarlijk, wezen bij mij alleen in de kajuit komen. Zij zag mij met doordringende blikken aan. Ik deed mijn best, om haar met overtuigende redenen moed in te boezemen, haar verzekerende van eene zorgvuldige behandeling aan boord, dat haar niets ontbreken zou, dat ik een verblijf voor haar alleen bestemd had, en dat zij, eenmaal op Java aangekomen, op de edelmoedigheid en menschlievendheid van den Gouverneur-Generaal vertrouwen kon, dien ik terstond zoude bekend maken, hoe zij, door ouderliefde gedreven, haren grijzen vader overal gevolgd had, tot den dood toe.

Zij zag mij toen met een' veelbeteekenenden weemoedigen blik aan, en bewaarde het strikste stilzwijgen. Wanneer eenig diep gevoel de ziel ontroert, kunnen woorden weinig troost aanbrengen: een diep stilzwijgen drukte ook bij haar dit gevoel uit. De opslag van haar gitzwart, zielvol, oog was treffend. Het duidde eene, in haar binnenste verkropte, smart aan. Ik gevoelde een diep medelijden voor dit woeste kind der natuur. Onder een wild volk opgevoed, had zij, door ouderliefde gedreven, zich geheel overgegeven aan de dolle drift, om overal waar haar vader streed, mede te strijden, en was daarin welligt door den hof harer landslieden versterkt geworden.

Ik liet haar in eene ledige hut op de koebrug brengen, en stelde orders, om het haar aan niets te laten ontbreken. Mogelijk, dacht ik, zullen hare lotgenooten hare zielsmart van lieverlede aan het bedaren brengen.

Wij verwijderden ons nu van het belangrijke Amboina. De smartelijke herinnering aan zoo velen onzer brave krijgsmakkers, op het veld van eer gebleven, deed zich op nieuw gevoelen; het was, als of wij nu eerst die braven voor eeuwig vaarwel zeiden. Daar en tegen lieten wij vele vrienden achter, die door eene gulhartige verkeering het verblijf op hun heerlijk eiland ons hoogst aangenaam gemaakt hadden. Vele uitmuntende voorwerpen uit de Natuurlijke Historie had ik hier verzameld, zoo als, Insecten, een zeer groot aantal Vlinders, waaronder eenige door mij, door alle gedaanteverwisselingen heen, afgebeeld, Conchilien, Visschen, Reptilien enz.; benevens vruchten met bloem en blad op liquor, wapens en kleederdragten der inwoners, schetsen naar de verrukkelijke natuur, tooneelen op de plaats zelve geteekend. Veelmalen zag ik, in zee zijnde, met een steeds vernieuwd genoegen alle deze schatten na.

Den eersten Januarij 1818 waren wij tusschen het groote eiland Boero, en het kleine Manippa; den anderen dag zagen wij de eilanden Kelang en Bonoa.

Tegen den avond overleed, tot mijn groot leedwezen, Christina Martha. Met een gevoel van droefgeestigheid vernam ik den dood van dit jeugdige Indiaansche meisje; alles, wat ik van haar vernomen en gezien had, droeg den stempel van eene edele ziel, van heldenmoed, ouderliefde, en standvastigen rouw over het verlies van haren vader.

Had zij, (dacht ik) onder beschaafde volken het levenslicht mogen aanschouwen, en ware hare sterke ziel door zachtere zedewetten getemperd geworden, hoe voortreffelijk hadden zich dan hare deugden niet ontwikkeld. Onder een woest volk geboren, nog weinig bestraald door het licht van de Godsdienst, had zij gretig alle die verwilderde zeden aangenomen, waarop deze volken eenen hoogen prijs stellen, en die eene zekere heldhaftigheid vertoonen, waardoor zoodanig een hartstogtelijk wezen, als zij geweest was, moest getroffen worden. Zeker verwierf zij de toejuichingen van al hare landgenooten, toen de vlam des oproers op haar eiland oversloeg, en zij haren ouden vader en koning als wapendraagster in den strijd volgde. Nu kende zij geen ander genot dan dezen lof te doen stijgen; en de natuurlijke zachtheid der vrouwelijke kunne ontaardde in eenen bloeddorstigen strijdlust.

Hare afgezonderde levenswijze had hare gezondheid ondermijnd. Zij weigerde standvastig alle geneesmiddelen; en met weêrzin nam zij eene zeer geringe hoeveelheid voedsel, zoodat het arme meisje geheel uitteerde, en als een geraamte werd, waarop eene diepe, sombere, neêrslagtigheid volgde, die haar weldra wegsleepte. Ik liet haar stoffelijk overblijfsel 's nachts stil in zee zakken.

KOLONIAAL VERSLAG
Opstand van contractarbeiders neergeslagen, Mariënburg, 1902

Na de afschaffing van de slavernij (1863) en de hierop volgende tienjarige periode van het Staatstoezicht waren de voormalige slaven in Suriname vrij te kiezen waar zij wilden werken. Velen keerden de gehate plantages de rug toe. In hun plaats werden nu naar Brits en Frans voorbeeld contractarbeiders ('koelies') naar de kolonie gehaald, eerst uit Brits-Indië, later ook uit Java. Net als de slaven voor hen kwamen ook de contractarbeiders met enige regelmaat in opstand tegen het zware regime dat hun werd opgelegd. In 1902 kwam het tot een uitbarsting, die met harde middelen en althans volgens het Koloniaal Verslag *met bevredigend resultaat werd onderdrukt.*

Op Dinsdag den 29sten Juli kwam het tot eene uitbarsting en de directe aanleiding daartoe was eene loonquaestie. Op bedoelden dag waren de rietkappers van de plantage Mariënburg te werk gesteld op een op korten afstand van de suikerfabriek gelegen rietveld en daar zij het hun toegezegde loon niet voldoende vonden, weigerden zij te werken.

Hun opzichter liet toen den gezagvoerder Mavor een briefje brengen, waarin hij hem den eisch der koelies mededeelde en deze liet hem daarop weten, dat hij eenig meer loon, en wel 50 cent per [plant]bed, meer zou geven. De arbeiders namen daarmee echter geen genoegen en begaven zich om 12 uur in het kantoor van een gezagvoerder, om over het loon te spreken. Zij waren toen zeer kalm en rustig.

De heer Mavor beloofde zelf naar het werk te komen kijken en met dat doel begaf hij zich 's middags omstreeks 3 uur te paard naar het veld. Daar aangekomen liet hij door eenige rietkappers een vaam suikerriet opstapelen, waarna hij beloofde het loon nog iets te zullen verhoogen. De arbeiders bleven echter ontevreden, vroegen een pas om zich bij den districts-commissaris te gaan beklagen, welke de gezagvoerder aan drie hunner toezegde.

Toen de heer Mavor zich daarop wilde verwijderen, begonnen eenige Britsch-Indische immigranten hem met rietstokken te werpen en te vervolgen. Ook de hem vergezellende opzichters werden op dezelfde wijze aangevallen. De gezagvoerder sprong toen op zijn paard en reed hard weg, de opzichters op een aldaar wachtende locomotief, gevolgd door een tweehonderdtal razende en tierende, met houwers gewapende koelies, uit wier geschreeuw van *mara, mara!* (slaan, slaan!) nu ten duidelijkste bleek, wat ze in hun schild voerden.

Voor het kantoor steeg de heer Mavor van het paard, liep even naar binnen om den zich aldaar bevindenden mede-agent der Handelsmaatschappij mede te deelen, wat er gebeurd was en na dezen verzocht te hebben om hulp te telephoneeren, begaf hij zich naar de suikerfabriek.

De inmiddels uit het veld aangekomen koelies, wier aantal aanmerkelijk was toegenomen, begonnen nu de telephoonpalen om te hakken, waardoor de telephonische gemeenschap tusschen het kantoor en het op 15 minuten afstand gelegen politiestation werd verbroken en deden een aanval op het kantoor en den winkel.

Toen zij bemerkten dat de heer Mavor zich in de fabriek bevond, stormden zij daar binnen, vernielden alles wat hun in den weg stond, vielen den heer Mavor met houwers aan, waarna zij hem bloedende en verwond tot buiten de fabriek voortdreven en daar op de meest barbaarsche wijze afmaakten.

Al spoedig waren de districts-commissaris van Frederiksdorp, de procureur-generaal, de agent-generaal, een detachement militairen en politie op Mariënburg aanwezig, doch bij hunnen aankomst was alles reeds rustig.

Den volgenden morgen werd, nadat door enkele getuigen een tiental immigranten, waaronder een Javaan, als de hoofddaders waren aangewezen, besloten die te doen arresteeren, waartoe de districts-commissaris, vergezeld van eenige politiebeambten en een detachement militairen, zich naar het koelieterrein begaf en kort daarna met de gearresteerden terugkeerde in het kantoor, waar het verhoor zou plaatsvinden. Bij de arrestatie was geen verzet ondervonden, alleen had bij de gevangenneming één der arrestanten den districts-commissaris toegevoegd: 'Nu waarop wachten jullui, waarom schiet jullie niet?' Verscheidene koelies waren toen bezig hunne houwers te scherpen.

Het kan ongeveer 10 uur zijn geweest, toen de ambtenaren in het kantoor bericht ontvingen, dat met houwers gewapende arbeiders, Britsch-Indiërs zoowel als Javanen, zich in grooten getale opstelden voor de brug in den weg naar het kantoor en de fabriek, roepende dat de gearresteerden aan hen moesten worden teruggegeven.

Na ontvangst van dit bericht werd een luitenant met een detachement militairen, sterk tien man, naar de plaats gezonden waar de menigte zich had opgesteld, met last achter de brug post te vatten en den koelies den overgang te beletten. Intusschen werd, toen met het onderzoek werd voortgegaan, door den luitenant versterking verzocht, daar de menschenmassa voor de brug hoe langer hoe oproeriger werd.

Nadat de districts-commissaris zich overtuigd had, dat de houding der gewapende arbeiders steeds dreigender werd, liet hij onmiddellijk versterking aanrukken en den procureur-generaal, die zich op korten afstand bevond, verzoeken bij hem te komen, daar hij het oogenblik van geweld te gebruiken gekomen achtte.

De procureur-generaal, den hachelijken toestand ziende, waarin het detachement militairen en de ambtenaren zich bevonden, gaf verlof om te vuren. De menigte tot vijf malen toe gesommeerd om uit elkaar te gaan en zich rustig te gedragen, antwoordde daarom met 'gehoe', een eigenaardig geschreeuw, dat minachting beduidt.

De immigranten, waarschijnlijk in de overtuiging dat er niet geschoten mocht worden, drongen steeds meer en meer op, en toen moest eindelijk van de vuurwapenen gebruik worden gemaakt. Zeventien Britsch-Indische immigranten werden gedood en 39 gewond. Van de gewonden stierven er later nog zeven.

Dit optreden der militairen maakte een diepen indruk op de oproerige menigte. Zij stoof onmiddellijk uit elkaar en den volgenden morgen hervatte het grootste deel der arbeiders het werk.

Aan de justitie is het gelukt de hand te leggen op enkelen van de hoofdschuldigen aan den moord op den heer Mavor en acht hunner werden schuldig bevonden aan doodslag in vereeniging gepleegd en te dier zake veroordeeld tot dwangarbeid voor den tijd van twaalf jaren.

Een complex van oorzaken is de aanleiding geweest tot de hierboven medegedeelde gebeurtenissen, doch wat bij menschen van anderen volksaard hoogstens aanleiding zou hebben gegeven tot lijdelijk verzet of het inbrengen van klachten, leidde bij de Britsch-Indische immigranten met hun licht ontvlambaren aard tot verzet en moord.

Sedert is de rust en orde op plantage Mariënburg niet meer verstoord geworden en de geest onder de gecontracteerde arbeiders aldaar heel wat verbeterd.

I MALLAQ DAÉNG MABÉLA ARUNG MANAJÉNG
Sex, geweld en poëzie in Zuid-Celebes, 1905

Het Buginese vorstendom Boné, eens de trouwste bondgenoot van het Nederlandse gezag na het gezamenlijk op de knieën dwingen van het machtige rijk van Makassar (1669), was in de loop der eeuwen steeds meer een doorn in het oog van de koloniale machthebbers geworden. In 1905 besloot Batavia voor eens en voor altijd een einde te maken aan de macht van de Bonése vorsten. Er werd een militaire expeditie uitgerust die er uiteindelijk inderdaad in slaagde Boné te onderwerpen en de vorst, La Pawawoi, gevangen te nemen. Een Buginese auteur schreef hierover op verzoek van H.R. Rookmaaker, een bestuursambtenaar op Zuid-Celebes, een traditioneel heldendicht, een toloq. De held van dit gedicht is Arung Labuaja, een van de commandanten van de Arumponé, de vorst van Boné en, volgens de overlevering, de laatste Buginese strijder die zich aan de Nederlanders heeft overgegeven. In het volgende fragment uit de Toloqna Arung Labuaja maakt hij zich op voor deelname aan de strijd tegen de Nederlanders. In de eerste regels ervan komt ook de auteur van het heldendicht voor, Arung Manajéng.

> De geschiedenis luidt:
> Er kwam
> een verheven brief van
> de Arumponé.
> De verheven brief van
> de Arumponé
> luidde:
> 'Arung Manajéng
> heeft een enorm gevecht
> gehouden in Ujung Pattiro.
> Bij bosjes zijn zijn
> onverschrokken volgelingen gevallen.
> Meer dan vijftig van
> zijn geliefkoosde volgelingen gingen
> zonder meer de onderwereld in,
> hun levensgeesten maakten
> de oversteek naar het hiernamaals.
> Maar jij blijft
> je lafhartig schuilhouden
> in je paleis.
> Je bent nog niet
> overgestoken naar Balannipa
> om een grote strijd te leveren
> in het geboorteland van
> het Hoofd van Lamatti.'
> Nadat zij
> de verheven brief van
> de Arumponé hadden gezien,
> spraken de

geliefkoosde volgelingen van
Arung Labuaja:
'Uw commandant, de legeraanvoerder,
staat klaar.
Eveneens wachten
uw geliefkoosde volgelingen.
Uw rijpaard
is al opgetuigd.'
Nauwelijks waren
de geliefkoosde volgelingen van
Arung Labuaja uitgesproken,
of Arung Labuaja
maakte zich gereed
om zich te kleden.
Hij wond zorgvuldig
zijn zijden buikband
om zijn middel
en reeg daar
zijn gouden ketting omheen.
Hij stak zorgvuldig zijn
'Minangkabau' geheten kris
ertussen en kleedde zich
geheel in oorlogstenue.
Toen zette hij zich weer
om zijn gemoed
tot rust te brengen.
Vervolgens
liep hij de trap af.
Alle geliefde vrouwen van
Arung Labuaja
verdrongen zich
achter de vensters van
hun paleis.
Arung Labuaja
keek omhoog en zong:

'Ga maar zitten, meisjes,
laat de luiken zakken en kijk
met bonzende borsten.
Als het God behaagt,
als het De Hemelheer welgevalt,
keer ik terug om jullie te strelen.'
De geliefde vrouwen van
Arung Labuaja
zongen in antwoord:
'Keer levend terug, dan mag je
met beide handen onze borsten pakken
en de rest ook'.
Weer keek Arung Labuaja
omhoog om te zingen.
Het lied van
Arung Labuaja luidde:
'Maar als, meisjes,
jullie een bericht ontvangen, sla
dan niet meteen aan het jammeren.
Pas als jullie mijn
rajatumpang-kris op de schoot hebben
mogen jullie weeklagen.'
Nu zong
de geliefde echtgenote van
Arung Labuaja,
de verheven kroonprinses, dochter
van Arung Bulo-Bulo:
'Maar indien, vorst,
ik het bericht hoor
dat jij je lafhartig gedraagt,
dan neem ik voor jou een ander.
Alleen als je een strijder bent,
zal ik mij verlagen;
ik zal aan jouw voeteneind slapen
alleen als je dapper bent.'

Nu zong
Arung Labuaja:
'En als ik, meisjes, niet
naar de onderwereld ben gegaan,
zonder mij helemaal gegeven te
hebben, dan mag ik verbannen worden
via de snelstromende rivier.
Moge ik dan niet weerkeren
om jullie zijden te strelen.'
Nu zongen
de mooie meisjes:
'Broer, breng ons toch
je harde, opwippende spinstok.
Neem mee
de stok die als enige groeit
op het echtelijk slagveld.'
Arung Labuaja
zong nu:
'Meisjes, zoek
een hoge berg, klim erop,
kijk toe,
en zie hoe
jullie teerbeminde
zonder omhaal er op los slaat.'
De mooie meisjes
zongen vervolgens:
'U bent nu, vorst, gekleed in
wit garen. Vermijd het schaamrood,
wees geen man uit Tajong.
Wees, o vorst, gelijk bloedrood
geverfde zijde die pas verbleekt
als het einde daar is.'
Nu zong
Arung Labuaja:
'Indien jullie, meisjes,

horen dat mijn schaduwverlenend
vaandel is gevallen,
dan is mijn hoofd gevallen
en is niet meer de man
die jullie hebben omhelsd'.
De geliefde echtgenotes
van Arung Labuaja
antwoordden gezamenlijk:
'Neemt u ons niet kwalijk, o heer
in de toppen der hemelen, maar
zorg dat de vorst die wij laten gaan
een lang leven beschoren is,
opdat hij zijn gewenste taak
ook werkelijk klaart
en terugkeert om ons te strelen'.
Arung Labuaja
keek op naar de hemel
terwijl zijn tranen
onophoudelijk stroomden
en sprak gelijk:
'Verhoor, o heer,
de smeekbede van
mijn teerbeminden,
opdat ik levend terugkere
en hun heimelijke wensen
kan vervullen'.
Arung Labuaja
vervolgde:
'Zal wellicht
jullie teerbeminde
verstijven op een berghelling:
naakt, met als sarong de wind; met
veldmieren in plaats van bedluizen;
op het gras, het hertevoer, als ligmat?'
Als aalbessen,

vallend door de wind,
waren de tranen van
de geliefde echtgenote van
Arung Labuaja
toen zij de woorden hoorde van
de edele oudste zoon van
Arung Kahu.

H.M. VAN WEEDE
De puputan in Badung, 1906

Rond 1900 begon de Nederlands-Indische regering ernst te maken met het uitvoeren van de Ethische Politiek, het uitgangspunt dat de koloniale overheid een taak had om het welzijn van de inheemse bevolking te bevorderen en niet slechts economische belangen diende na te streven. Het 'goede doel' vereiste pacificatie. Ook de Balinese vorsten kwamen nu aan de beurt om zich aan Nederland te onderwerpen. Sommigen van hen deden dat vrijwillig, anderen, waaronder de vorst van Badung, wiens paleis in Denpasar stond, verzetten zich tot het uiterste tegen het prijsgeven van hun onafhankelijkheid. Nadat een aantal incidenten het geduld van de Nederlandse heersers tot het uiterste op de proef hadden gesteld werd in september 1906 een strafexpeditie naar Bali gezonden die zou eindigen in een ongekend drama. Jonkheer H.M. van Weede vergezelde deze expeditie, beschreef zijn ervaringen en maakte foto's van de gebeurtenissen.

De bedoeling was het uitgestrekte front in Dèn Pasar naar het zuiden te doen zwenken en wij moesten dus, in de kampong gekomen, wachten totdat het 18de door eene zwenking zich aan het 11de zoude kunnen aansluiten. Men begon zich nu af te vragen, waar dan toch de felle tegenstand te duchten was, waarop men zich had voorbereid en wat de radja [vorst] eigenlijk voor de verdediging van zijn land had gedaan al de laatste jaren, gedurende welke hij vermoeden kon dat de oorlog zoude ontstaan.

Algemeen werd toen verwacht dat voor den hoofdpoeri [paleis], welken wij thans naderden, het antwoord hierop zoude worden vernomen. In werkelijkheid echter was de vorst door zijne langdurige briefwisselingen en onderhandelingen met de Indische Regeering tot de slotsom gekomen, dat de bedreigingen van hare zijde slechts bangmakerij waren. Hij was daardoor op het gebied der verdediging van zijn land zorgeloos geworden, en zoo kwam het dat hij niet bijtijds de noodige maatregelen nam om zijne macht te versterken. Het gevaar zou toch wel nooit opdagen. Tijd en geld voor eene goede voorbereiding had hij in overvloed gehad, doch hij wist er geen gebruik van te maken, en moest deze nalatigheid duur bekoopen.

Maar – al had hij zich niet beter van wapenen voorzien en zich zooals de Lombokkers op eene moderne verdediging toegelegd – zoo zoude hij toch door eene goede organisatie zijner duizenden den strijd voor ons hebben kunnen bemoeielijken. Merkwaardig is het, dat zelfs de aankomst onzer oorlogsschepen op de reede van Sanoer den radja niet uit zijne valsche gerustheid deed ontwaken; eerst bij het verschijnen der transportschepen gaf hij zich rekenschap van den toestand. Toen was het echter te laat.

Van het beletten der landing zag hij terecht af, er de voorkeur aan gevende om met zijne getrouwen in het binnenland stand te houden. Hier beging hij echter de fout, van niet op consequente wijze zijne juiste opvatting door te voeren en ook die van den raad des radja's van Bangli in den wind te slaan, om den oorlog naar het gunstigste terrein, d.i. naar het gebergte te verplaatsen, waar de vereenigde krachten des vijands ons moeielijke oogenblikken zouden kunnen hebben bereiden. Aan eene derde fout was vermoedelijk zijne besluiteloosheid schuld, want goed gedacht was ook zijn plan om des avonds na onze landing met 3000 man naar Sanoer op te rukken, en het bivouak te omsingelen ten einde het onder begunstiging der duisternis aan te vallen.

Zij het dat de zoeklichten der marine hem op het beslissende oogenblik vrees aanjoegen, zij het dat de leiding van zijn tocht in het algemeen te wenschen overliet, hij gaf zijn voornemen op en stelde den aanval uit tot den volgenden morgen, ons daardoor de gelegenheid biedende om hem onder gunstiger omstandigheden af te slaan. Deze tegenspoed had ernstige gevolgen voor den vorst. Bij de bevolking was hij naar het schijnt niet bemind, en zijne onderdanen die voor het meerendeel een afkeer gevoelden van den oorlog, hadden slechts met weêrzin aan zijne oproeping ten strijde gehoor gegeven. Toen nu de eerste ontmoeting op eene teleurstelling uitliep, openbaarde zich weldra onder hen eene verregaande ontmoediging.

De verliezen die volgden, en de indruk veroorzaakt door het zich dagelijks hernieuwend bombardement, deden de neêrslachtigheid ontaarden in een geest van passief verzet, en zoo kwam het dat het grootste gedeelte van den aanhang des radja's spoedig verliep. Den 18den September was diens groote macht welke, onder goede leiding staande, en met een goeden geest bezield zijnde, gevaarlijk voor ons had kunnen wezen, tot op een paar duizend man geslonken. Onder het voorgevoel dat hij het nu zoude moeten afleggen, gaf de vorst op den avond van den 18den een groot feest; hanengevechten werden gehouden, en het lijk van zijnen broeder, dat reeds een paar jaar vroeger voorloopig begraven was, werd met plechtige ceremoniën verbrand. Het was de gloed van dit vuur, dien wij te Sanoer hadden bemerkt.

Door onzen marsch op Sesetan liet zich de vorst misleiden, en overtuigd dat wij zijne residentie van den zuidelijken kant zouden trachten binnen te dringen, deed hij daar al zijn geschut opstellen, en alles voor eene geconcentreerde verdediging in gereedheid brengen. Toen hij zijne dwaling bemerkte, was het te laat om de noord- en de oostzijde der hoofdplaats naar den eisch te versterken. Trouwens het verscherpte bombardement in den vroegen ochtend van den 20sten oefende eene groote moreele werking op de zijnen uit; talrijke strijders ontvluchtten naar het noordwesten, en aleer wij het doel van onzen tocht bereikt hadden, was er binnen den kring welke den poeri, de djros (woningen der aanzienlijken) en de kampong van Dèn Pasar met zijne wijken omvatte, niemand meer te bekennen dan de vorst, zijne vrouwen, zijne verwanten, zijne hovelingen, en eene Gideonsbende van getrouwen. Gezamenlijk met den ouden krankzinnigen radja van Pametjoetan, tot wiens gebied de paniek was overgeslagen, vereenigde de vorst niet meer dan 2000 man onder de wapenen.

Van de meesten verlaten, met den smaad der verbanning voor oogen, en getrouw aan den adat door zijn godsdienst gewijd, heeft hij toen, instede van zich over te geven, tot den poepoetan, d.i. tot den algemeenen lansaanval besloten, waaraan zelfs vrouwen en kinderen deelnemen, en waarbij allen zich wijden aan den dood.

Het moet op den ochtend van den 20sten September in het voorhof van den poeri te Dèn Pasar een indrukwekkend schouwspel zijn geweest, toen zich daar de uitgelezen schare verzamelde, die op het punt stond om ten aanschouwe onzer gelederen te gaan sterven. De vorst en de prinsen, met hunne volgelingen, in hunne schitterendste gewaden gehuld, hadden krissen omgord, welker gouden gevesten Boeddhabeelden vormden en met edelgesteenten waren bezet; allen waren zij gekleed in het rood of in het zwart en droegen het haar met zorg gekamd en met welriekende olie bevochtigd. De vrouwen hadden mede het beste aangedaan wat zij aan kleeding en aan versierselen bezaten; de meesten droegen het haar los, en allen waren met witte mantels omhangen.

De vorst had den poeri in brand doen steken en alles wat daarin breekbaar was, doen vernietigen. Toen hem te negen uren werd bericht dat de vijand van uit het noorden tot in Dèn Pasar was doorgedrongen stelde zich de tragische stoet, 250 personen sterk, in beweging; iedere man en iedere vrouw droeg een kris of een lange lans, kinderen die daartoe ook maar eenigszins de kracht hadden, eveneens, zuigelingen werden op den arm medegenomen. Zoo trokken zij noordwaarts langs den breeden, met hooge boomen beplanten weg, hunnen ondergang tegemoet. De radja ging voorop, volgens het gebruik door een der zijnen op den schouder gedragen, en stilzwijgend bereikten allen te zamen het kruispunt bij de djro Baloean. Nog een eind verder liepen zij door, totdat op eens bij eene bocht in den weg, ter hoogte van den djro Tainsiap, de donkere lijn onzer infanterie voor hen zichtbaar werd.

Het was het 11de, dat uit het noorden langzaam voorwaarts drong. Eene sectie, waarbij zich kapitein Schutstal van Woudenberg had gevoegd, volgde den grooten weg. Toen zij den schitterenden optocht in het oog kreeg, waren de Baliërs ongeveer drie honderd meter van haar verwijderd; tusschen beide groepen bevond zich een klein plein.

Terstond werd halt gekommandeerd en door kapitein Schutstal werd den tolken gelast met gebaren en met woorden de aankomenden tot stilstaan te sommeeren. Deze sommatie bleef echter vruchteloos, en ondanks de herhaalde waarschuwingen gingen de Baliërs nu in draf over. Onophoudelijk werden door den kapitein en door de tolken teekens gemaakt, doch te vergeefs, en weldra moest men er zich rekenschap van geven dat men hier te doen had met lieden die den dood zochten. Tot op honderd – tot op tachtig – tot op zeventig pas liet men ze naderen, maar nu gingen zij tot den stormpas over, met gevelde lans en opgeheven kris, de radja steeds voorop. Een langer dralen ware met het oog op de veiligheid onzer manschappen onverantwoordelijk geweest, en het eerste salvo werd gegeven: een aantal gesneuvelden bleef op de plaats. Tot de eersten die vielen behoorde de radja en nu speelde zich een der afgrijselijkste tooneelen af, welke men zich kan voorstellen.

Terwijl zij die gespaard bleven den aanval voortzetten, en het snelle schieten onzerzijds uit zelfverdediging noodzakelijk bleef, zag men lichtgewonden aan zwaargewonden den doodsteek geven. Vrouwen hielden hun de borsten voor om afgemaakt te worden of kregen den genadestoot tusschen de schouders, en wanneer zij die hem gaven, door ons vuur waren neêrgelegd, stonden er anderen – mannen of vrouwen – op, om het bloedig werk voort te zetten. Ook zelfmoord had daar op groote schaal plaats, en allen schenen te snakken naar den dood; sommige vrouwen wierpen, als loon voor het gewelddadig einde dat zij van hen begeerden, goudstukken aan onze soldaten toe, en stelden zich rechtop vóór hen, wijzende op haar hart, als wilden zij daar getroffen worden; werd er dan niet geschoten, zoo doorstaken zij zich zelven. Een oude man in het bijzonder, stapte bedrijvig over de lijken heen, en kriste rechts en links de gewonden totdat hij werd neêrgelegd. Eene oude vrouw nam zijne taak over en onderging hetzelfde lot, doch niets mocht baten, steeds stonden er weer anderen op om het verdelgingswerk voort te zetten.

Intusschen bleef het zaak op zijne hoede te wezen, want een tweede troep Baliërs naderde, aangevoerd door het twaalfjarige halfbroertje van den radja, dat nauwelijks zijne lans kon dragen. Tot stilstaan gesommeerd door den kapitein en door de tolken, scheen de jongen een oogenblik geneigd daaraan gehoor te geven, toen een zijner volgelingen hem tot doorzetten noopte; een woeste aanval volgde, en in het vuur dat op zijne getrouwen werd geopend, raapte een kogel ook hem weg.

Met uitzondering van enkelen die zich in de huizen terugtrokken, en van eenige gewonden die later herstelden, vond de geheele heldenschaar den dood dien zij zocht. Eene groote opeenhooping van lijken lag midden op het kleine plein waar de botsing had plaats gevonden; de vrouwen van

den radja hadden zich over hem heen gebogen laten krissen, en vele gekwetsten hadden zich nog naar hem toegesleept, om hem te bedekken. Zijn lichaam was onder de lijken begraven, en uit deze massa kwamen hier en daar vergulde speerpunten te voorschijn.

Hoe ontzettend de aanblik van een met gesneuvelden bedekt terrein ook moge wezen, men kan er wellicht spoedig aan wennen; aan tooneelen zooals die welke zich te Dèn Pasar afspeelden went men nimmer, want een poepoetan die niet slechts krijgslieden, maar ook vrouwen en kinderen in den dood voert, stuit de meest geharden tegen de borst.

Aan onze zijde viel een doode wiens verlies in bijzondere mate treffend was. Zoo lang het ging, trachtten de fusiliers zich tegenover de aanvallen der dweepzieke vrouwen tot eene defensieve houding te bepalen. Velen van hen geraakten daardoor in het grootste gevaar, en werden gewond; de sergeant der infanterie Bakker moest zijne menschlievenheid met het leven betalen.

Toen het hierboven beschreven drama plaats greep, stond het 18de aan den rand van de kampong op den weg naar Kesiman. Op vierhonderd meter zagen wij de schitterende schare dwars over eene laan voorbijtrekken, een oogenblik voordat zij op haren tocht tot stilstand werd gebracht. Meenende dat de kern der vijandelijke hoofdmacht zich met den radja in den poeri bevond, dachten wij hier met een gedeelte der bevolking te doen te hebben, hetwelk de vorst tegen ons uitgezonden had.

Van de ontmoeting zelve konden wij niets zien; alleen deed het geweervuur eene ernstige botsing vermoeden. Langzaam trokken wij verder aan weerszijden der groote laan; geschoten werd er over de geheele lijn, en zoo bereikten wij eindelijk het pleintje op den weg, waar wij uithoofde van het zwenken in zuidwaartsche richting eenigen tijd moesten wachten. Ontzettend was het schouwspel dat zich daar aan ons voordeed; een berg van lijken, mannen en vrouwen die zich en hunne kinderen kristen, terwijl de jammerkreten der stervenden weêrklonken... Onwillekeurig wendden wij de oogen af.

Maar te midden van zooveel jammer moest men nog duchtig op zijne hoede wezen, want op dit kruispunt tusschen de kleimuren waarachter zich o.a. eene bezette djro bevond, konden elk oogenblik vijandelijke afdeelingen of ook enkele individuën te voorschijn treden. Boven die muren zag men tal van lanspunten zich bewegen. Op het kommando 'Kiri-Kanan' [links, rechts], maakte de troep naar links en naar rechts front, het oog naar den bovenrand der muren gericht.

Er waren daar een paar nauwe doorgangen die uitkwamen op den weg en die meer bijzonder in het oog gehouden moesten worden. Enkele malen trachtten Baliërs door deze den troep aan te vallen, hetgeen des te gevaarlijker was, wijl bedoelde gangen zeer kort waren, en de vijand, bij het deboucheeren op den weg, zich terstond midden onder de fusiliers bevond. Daarbij kwam nog dat ons overigens uitstekend Mannlicher geweer op korten afstand geen 'stopping power' heeft, althans zoo men daarmede niet een der edele lichaamsdeelen treft. Zelfs al wordt men door een aantal onzer volstaalmantelkogels van dichtbij doorboord, zoo is het nog niet gezegd dat men daardoor terstond buiten gevecht is gesteld. Eens kwam onverhoeds een poenggawa, neef van den radja, een schitterend type van den hooggeplaatsten Balischen krijgsman, met drie volgelingen door een der nauwe doorgangen met gevelde lans aangestormd; verscheidene keeren reeds getroffen, rende hij door met gebukt bovenlijf, het hoofd diep in de schouders, tegen de kogels in. Twee der zijnen bleven in de gang liggen, hij zelf en de vierde man sneuvelden midden op den weg, terwijl zij bijna hun doel hadden bereikt.

Twee uren bleven wij daar wachten. Voor onze voeten lagen een aantal gesneuvelden. Sommigen droegen vuurroode kleederen en waren gewapend met schitterende krissen; uit hunne edele trekken, niet minder dan uit hunne vorstelijke attributen viel hunne hooge geboorte af te leiden. Bij eene deur zaten eenige ongedeerde jonge vrouwen met hare kinderen, in witte, rijke gewaden. Zij weenden over hare dooden. Van de Balische vrouwen die wij vroeger hadden ontmoet, verschilden zij door hare fijne gelaatstrekken, die bij sommigen door eene uitdrukking van haat waren verwrongen. Allerlei sieraden, o.a. kostbare waaiers, droegen zij bij zich.

De bataillons waren intusschen met front zuidwaarts in linie gekomen en er werd 'voorwaarts' geblazen. Eenige minuten later zagen wij vóór ons de rechte laan doodsch en verlaten, en op 600 meter den zwaren muur van den hoofdpoeri, waaruit donkere rookwolken en vlammen opstegen. Het vorstenverblijf, dat van schoone dagen en van schitterende feesten getuige was geweest, ging tegelijkertijd met zijne bewoners ten onder. Een half uur later waren wij nog op 400 meter daar vandaan. Een paar dynamietpatronen hoorden wij afgaan, welke luitenant Laceulle van den linkervleugel, die daarbij gewond werd, naar den poerimuur had gebracht om dezen te doen springen.

Spoedig waren wij ter plaatse, en niettegenstaande de hitte door den brand veroorzaakt, werden ijlings eenige patrouilles den poeri ingezonden, om het kruitmagazijn op te zoeken en er zoo mogelijk de kruittonnen uit te halen. Voor zoover doenlijk moest trouwens de geheele poeri vluchtig doorzocht worden. Intusschen bleek de vijand van hier verdwenen te zijn, en nog slechts éénmaal kwam het binnen het paleis voor, dat onze soldaten achter een muur eene lanspunt zagen flikkeren. Bijna tegelijkertijd verscheen een donkere, krachtige Baliër, een edelman, op de stoep eener poort, maar aleer hij de fusiliers te lijf had kunnen gaan, sneuvelde hij. In het Kanyamata – het verblijf van den vorst – lag ontzield op een rustbed de zuster van den radja; ook zij had zich

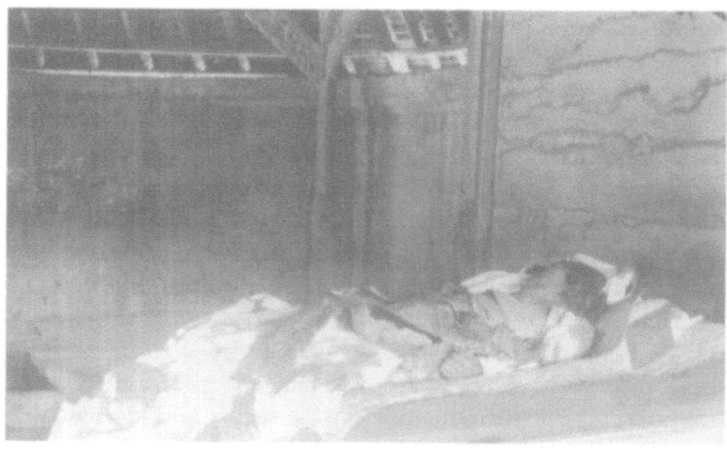

'In het Kanyamata – het verblijf van den vorst – lag ontzield op een rustbed de zuster van den radja.'

klaarblijkelijk ten doode gewijd, want zij droeg, evenals de andere vrouwen die wij op dezen dag gezien hadden, een witten mantel en daaronder hare schoonste gewaden. In haren met goud geborduurden zijden sarong gehuld, met een gouden ceintuur om de lendenen en met loshangende haren, lag zij daar op fluweelen kleeden en kussens. Haar gelaat was geheel vertrokken, waarschijnlijk had zij zich op het bericht van den poepoetan door den zooeven genoemden Baliër doen krissen, want het wapen waarmede zij was omgebracht, kon men niet vinden.

Toen na eenigen tijd zoekens de kruitvoorraad was ontdekt, gebood de generaal verder te marcheeren. Het was eerst drie uren, en men kon den poeri van Pametjoetan nog denzelfden dag bezetten. Zij die hadden gemeend dat er na den val van Dèn Pasar geene bloedige ontmoetingen meer waren te duchten, zouden echter bedrogen uitkomen. Wij trokken rechtuit, zuidwaarts langs de hanenklopbaan, waarop evenals op de poeripoort de uitwerking van het marinegeschut duidelijk was waar te nemen. Bij het groote kruispunt voor het paleis vonden wij dertien oude kanonnen, die den weg van Sanoer langs welken men onze komst verwacht had, bestreken.

Bij den poeri Soetji, waar frontverandering naar het westen moest worden gemaakt, bemerkten wij op den rechten, breeden, en door hooge boomen beschaduwden weg die naar Pametjoetan voert, op een afstand van 7 à 800 meter, lieden in het wit gekleed. Bijna tegelijkertijd werden wij uit dezelfde richting met artillerievuur begroet, en daar de Balineezen op genoemden afstand vrij goed waren ingeschoten, kwamen hunne groote ronde kogels voor 't meerendeel in onze gelederen terecht, zoodat verscheidene fusiliers buiten gevecht werden gesteld. Terstond traden nu onze 3.7 c.M. stukken in werking, en na een kwartier waren de vijandelijke kanonnen tot zwijgen gebracht.

Intusschen had men den ouden krankzininnigen vorst van Pametjoetan, radja Goesti Ngoerah Pametjoetan bewogen om zich te midden zijner poenggawa's, zijner vrouwen en zijner verwanten, en gevolgd door de geheele bevolking van den poeri, op een vergulden zetel uit zijn paleis te laten dragen, nadat dit laatste in brand gestoken was. Allen waren in krijgs- of feestdos gehuld en begaven zich naar de plaats waar de kanonnen in positie waren gebracht; zij stelden zich dus met opzet bloot aan ons vuur, dat op die stukken was gericht.

Toen nu voorwaarts werd geblazen, begon de treurigste tocht dien ik ooit bijwoonde. Telkens kwamen er kleine drommen geweer- en lansdragenden op ons af, eerst langzaam, daarna in versneld tempo, eindelijk in den stormpas. Zoolang mogelijk werden zij gesommeerd, en waar dit niet baatte, liepen zij in den dood. Later vielen velen individueel ons front aan; vrouwen, en jongens van ongeveer twaalf jaren gedroegen zich hierbij even dapper als mannen. Van achter de zijmuren of uit het bosch sprongen zij soms onverhoeds te voorschijn, en renden dan in woeste vaart op ons los; de meesten zag men echter reeds op zekeren afstand naderen.

Groot gevaar leverden degenen op, die zich neêrwierpen zonder getroffen te zijn, en bijna was luitenant van Maurik het slachtoffer geworden van zulk eene list; op het oogenblik n.l. dat hij zich bukte om eene jonge vrouw te verbinden, sprong naast hem een oude vrouw op, die hij dood waande en die hem stellig gekrist had, zoo hij den stoot niet had gepareerd. Alvorens onschadelijk gemaakt te worden, bracht zij eenen dwangarbeider nog eene diepe wonde onder het oog toe.

De rivier waardoor de weg leidt die van Dèn Pasar naar Pametjoetan voert, werd doorwaad en wij bevonden ons te half vijf uren tusschen de muren van laatstgenoemd huizencomplex op 400 meter van den poeri. Eenige Baliërs stonden ons daar af te wachten, ons uitdagende om ze neer te schieten, sommigen met den rug naar ons toe gekeerd. Toen hieraan geen gevolg werd gegeven, wierpen zij zich op ons met hunne lansen...

Langzaam ging het vooruit, in verband met het doorzoeken der woningen. Vóór ons zagen wij de uitwerking der 3.7 stukken en het verlaten geschut van den vijand, daarachter den buitenmuur van het paleis, waaruit vlammen opstegen naar den door de ondergaande zon en den vuurgloed roodgetinten hemel. In de huizen rechts en links, en in de nauwe doorgangen tusschen de kleimuren werd gevochten. Drie gesneuvelden uit onze gelederen werden achtereenvolgens in tandoes [draagstoelen] naar den hoofdweg gebracht en naar de achterhoede gedragen. Enkele gevangenen werden uit de huizen weggevoerd. Eene sterke bloedlucht kwam ons tegen. En zoo naderden wij den poeri zelven, terwijl het geweervuur verminderde.

Op eens verbreedde zich de weg naar links tot een plein, dat gedeeltelijk met boomen was begroeid en omgeven was door muren. Derwaarts hadden zich, nadat hun artillerie-

'De gouden draagstoel en andere kostbaarheden lagen er temidden der lijken'

vuur was verstomd, de vorst en zijn gevolg met vrouwen en kinderen ten getale van ruim honderd zielen begeven, en daar hadden zij zich, onttrokken aan ons oog, onderling gekrist. Op één hoop vonden wij ze allen te zamen, de vorst bedolven onder de lichamen zijner getrouwen wier houding scheen aan te duiden, dat zij hem tot in den dood toe wilden beschermen, en de mooiste jonge vrouwen die wij op Bali zagen, versteend naast hare kinderen. De gouden draagstoel en andere kostbaarheden lagen er temidden der lijken.

Zoo eindigden vrijwillig twee vorstengeslachten, de keur der Badoengsche Baliërs, om in den hemel hunner voorvaderen den moed beloond te zien, dien zij hier op aarde aan den dag hadden gelegd. Stilzwijgend en geroerd stonden onze troepen het schouwspel gade te slaan. Door hen zijn de gevallen vijanden nooit anders dan met eerbied herdacht, en toen kort na de expeditie het plan werd geopperd om daar waar de poepoetans hadden plaats gevonden, kleine gedenkteekenen op te richten, werd dit denkbeeld voor zoover ik kon nagaan, in het leger met sympathie begroet.

Des te pijnlijker moest het aandoen dat er in de pers stemmen opgingen om dit ridderlijk huldebetoon te bestrijden, op grond van het slechte bestuur door de Badoengsche vorsten gevoerd, en ook met het oog op de omstandigheid dat de door hen ten toon gespreide doodsverachting slechts het gevolg was geweest der werking van opium of arak. In hoever dit laatste argument juist is, onttrekt zich aan mijne beoordeeling, hoewel ik ter plaatse aanwezig was. En wat het andere bezwaar aangaat, zoo is het wel onnoodig er aan te herinneren, dat bij eene beoordeeling van het optreden van Indische vorsten geen Europeesche maatstaf mag worden aangelegd. Trouwens het gold hier eene daad van piëteit niet slechts tegenover de vorsten, maar ook tegenover allen die hen vrijwillig in den dood zijn gevolgd. En sedert wanneer geldt de regel, dat alleen aan helden zonder blaam hulde mag worden gebracht?

Na zonsondergang werd de terugmarsch naar Dèn Pasar ondernomen. Achter ons brandde de poeri van Pametjoetan af, onder het geknetter van balken en planken. Somber gestemd betrokken de troepen hun nieuwe bivouak, in en om het paleis van Dèn Pasar; niemand gevoelde lust om door eene zinspeling op ons onverwacht en snel succes den indruk der aanschouwde ellende te verzwakken. Het heldendicht was uit, maar lang nog klonk zijn nagalm voort in de ooren van hen die zijne laatste tonen hadden opgevangen, en toen ik, alvorens te gaan rusten, nog éénmaal den blik liet weiden over den rooden gloed in het westen, scheen deze mij toe als het beeld van een romantisch verleden dat in vlammen wegzonk.

WEKKER
Vrede en orde op Atjeh, 1907

De Atjeh-oorlog, begonnen in 1873 en officieel geëindigd in 1903 met de overgave van de sultan en zijn belangrijkste militaire aanvoerder, was gedurende die dertig jaar het toneel van vele gruwelijke taferelen. Maar ook daarna ging de guerrilla door, zoals blijkt uit het volgende stuk. In 'De Avondpost', een Haagse krant, verschenen met enige regelmaat stukken van de hand van Wekker, een pseudoniem van een 'Oud-Maréchaussée-Officier van het Nederlandsch Oost-Indisch Leger'. Wie er achter deze naam schuilging is niet bekend, maar hij beschikte in ieder geval over informatie uit de eerste hand met betrekking tot de situatie in Atjeh en het optreden van de koloniale legermacht daar. Volgens Wekker was de regering in Atjeh op de verkeerde weg. Zijn doel was wijd en zijd bekend te maken dat als de oorlog op deze manier doorging deze 'nog dertig maal dertig jaren zal voortduren, ten koste van veel geld, bloed en krachten en dat deze krijg eerst zal geëindigd zijn met den doodsnik van den laatsten Atjeher'. Zijn stukken waren aanleiding voor een fel debat in de volksvertegenwoordiging.

Verfoeilijke onmacht is het ook, die onze patrouilles dwingt den vijand kwartier te weigeren en het maken van gevangenen te vermijden of dezen te dooden, als zij ze ondanks zich zelf toch maken.

Een patrouille gaat met acht dagen vivres op excursie, overvalt onderweg een vijandelijke bende en maakt vijf gevangenen, onder wie een grijsaard, die nauwelijks loopen kan, 2 zwaar gewonden en 1 vrouw met een zuigeling. De patrouille is vier dagen van het naaste bivak verwijderd en is 2 groepen sterk. Wat moet nu de patrouillecommandant met zijne gevangenen doen?

Teruggaan en de gevangenen naar 't bivak brengen mag niet, omdat aan de opdracht nog niet is voldaan.

De gevangenen meevoeren kan niet, omdat zij niet

loopen kunnen, de voorraad meegevoerde levensmiddelen te beperkt is en tandoedragers ontbreken, gesteld althans dat het ageeren met tandoes [draagstoelen] in de wildernis al mogelijk ware.

Achterlaten mag en kan niet, omdat verraad en het mislukken der excursie hiervan het gevolg kunnen zijn.

Rest één mogelijkheid, nl. een gedeelte van de patrouille met de gevangenen terugsturen en met de rest doorgaan.

Dat is echter onmogelijk door de geringe sterkte der patrouille en den grooten afstand van het naastbijgelegen bivak.

Ergo... doodt de gevangenen of maakt allen af gedurende den overval en... opgelost is de moeilijkheid.

Zouden de luitenants Sloos en Schneider in 1905 hunne gevangen gedood hebben, indien zij over een sterkere patrouille hadden kunnen beschikken of één onzer bivaks dichterbij gelegen ware? Zou zich dan die oorlogsnoodzaak hebben voorgedaan? Zouden dan de zeven rechters hunne vrijspraak op grond van oorlogsnoodzaak geëischt hebben?

En nu is de normaal-sterkte der voor meerdaagsche excursiën uitrukkende patrouilles 2 groepen. Patrouilles van 3, 4 of meer groepen, zijn uitzonderingen.

Alléén patrouilles, die op één, twee of driedaagsche excursiën, niet te ver van honk, gevangenen maken, zijn in de gelegenheid deze gevangenen mee te voeren. En dit gebeurt op Atjeh ook wel eens. Maakt zulk een patrouille een djahat [bandiet] gevangen, die niet of moeilijk loopen kan, dan geeft zij zulk een persoon gewoonlijk over aan het dichtstbij wonend kamponghoofd met opdracht en onder de vreeselijkste bedreigingen van boete of vrijheidsstraf en een borgstelling, den gevangene door zijn zorg te brengen naar het bivak, van waar werd uitgerukt.

Het is en blijft hooge uitzondering, als men in de maandverslagen leest van gearresteerde kwaadwilligen bij excursiën, die ten doel hadden ladangs [landbouwgronden] op te ruimen. Steeds leest men: 'neergelegd zooveel man, waaronder zooveel vrouwen en kinderen'.

Krijgt men aan eigen zijde een gewonde, wat zelden gebeurt, dan eerst is het tegenover de hoogere chefs verantwoord terug te keeren met den gewonde in de tandoe.

Neemt den Gajoetocht. Dezelfde onmacht; het gebrek aan troepen, voldoende voor bezetting van étappen langs den verbindingsweg met één onzer bivaks is oorzaak dat bij de verovering van Koetö Reh zijn afgemaakt 313 mannen, gevangen genomen geene;
in gampong [dorp] Likat 220 mannen gedood, gevangen genomen geene;
in gampong Koetö Lingat Barö 344 mannen gedood, 1 gewond, gevangen genomen geene; enz. enz.

Tien tot veertien dagen verwijderd van onzen naastbijgelegen post, met een handjevol soldaten – wat had de bevelhebber moeten doen met gevangenen????

Van kwartiergeven kon geen sprake zijn, onze onmacht verbood dit. Een ander voorbeeld.

De bezetting van gampong Tampeng had hare munitie zoo goed als verschoten, nadat zij 5 uren de onzen had weten terug te slaan na elke bestorming. Eerst nu gelukte het den marechaussees de wallen te beklimmen en vluchtten de belegerden, verstoken van munitie, achter kleine borstweringen in de benting [versterking] zelf. De vrouwen, kinderen en weerloozen vluchtten in drommen in groote, vierkante kuilen, in de hoop dekking te vinden tegen de projectielen uit onze karabijnen. Nu kregen de brigadecommandanten den last om beurten met hunne brigades van den wal te springen, naar die kuilen op te rukken, daar een salvo in af te geven en in een ren weer terug te loopen naar de wallen, omdat van af de wallen geen vuur gebracht kon worden in die kuilen. Sprongen enkelen in doodsangst uit de kuilen, dan stonden andere marechaussees klaar hen met hunne karabijnen op te vangen en zoo werden allen tot den laatste

DE ATJEH ONLUSTEN IN 1896.

Uitgave v. Nijgh & van Ditmar
Rotterdam.

Prijs ƒ 1.25.

afgemaakt. Eén der brigadecommandanten vertelde ons na afloop: 'Luitenant, mijn kerels maakten er gewoon een lolletje van'.

Ziehier een doorgevoerd weigeren van kwartier, als gevolg van een door den bevelhebber gevoelde onmacht, wat met gevangenen aan te vangen.

Schande de regeering, die zulke bloedbaden noodzakelijk maakt.

Op nog andere wijze worden hoofden en bevolking vaak, ondanks zich zelven, in den strijd gemengd. Onschuldige gampong-bewoners worden vaak afgemaakt.

Zoo is op Atjeh algemeen bekend het verhaal omtrent een luitenant der cavalerie, die aan het zeestrand in Pedië, alwaar hij met den troep een bivak had betrokken, op een nacht een klewangaanval kreeg en uit weerwraak den volgenden ochtend den *haria keudé* [marktmeester], in de buurt waarvan hij in bivak lag, het hoofd afsloeg, omdat deze den commandant niet in tijds had gewaarschuwd. Voor dit geval moet genoemde officier eenige dagen arrest gekregen hebben.

In Pedië boete moetende innen in vijf gampongs, liet een patrouillecommandant de vijf *keutji*'s [dorpshoofden] komen en gaf hun 15 minuten tijd om de boete in geld in te leveren.

Na verloop van die 15 minuten was de boete nog niet ingeleverd en werd de eerste *keutji* neergeschoten, omdat hij niets had meegebracht; de tweede onderging om dezelfde reden hetzelfde lot; de derde, vierde en vijfde brachten eenige dollars.

Zoo gaat in Atjeh het verhaal van een civiel gezaghebber in Pedië, die, onmachtig het herhaald opbreken der rails van de trambaan in zijn gebied te beletten, eindelijk eenige kwaadwilligen, die hem in handen vielen, dwars over de rails heeft laten binden en een locomotief over hunne lichamen laten rijden.

Het verminken en kerven van lijken. – Eén der patrouille-

De laatste rit.

Het afscheid van Gouverneur Van Daalen van Atjeh.

commandanten te Meulaboh had de gewoonte van de door zijn patrouille gedoode vijanden het hoofd te laten afslaan.

Een ander merkte de lijken met een kruis, middels de klewang in het vleesch van het voorhoofd of borst gesneden. Dit moest dan een herkenningsteeken voorstellen, dat zijn patrouille dezen doode gemaakt had.

Van een der gesneuvelde kwaadwilligen bij een klewang-aanval in 1905 te Teupin Blang Mane werd het hoofd in triomf het bivak B. binnengedragen.

Het hoofd van den doode Panglima Bodiman werd van de romp geslagen en van Gloempang Doewa naar Lho Seumawe en terug gezonden, terwijl m.i. het geheele lichaam best te vervoeren geweest zou zijn. Dit voorval werd door een officier op de sociëteit te Segli in tegenwoordigheid van den civiel-gezaghebber verteld, waarop deze autoriteit zeide: 'Houd je mond maar, ik heb niets gehoord'.

Ik ken een officier, die een heele verzameling doodshoofden van gesneuvelde djahats bezat.

Men spreekt vaak van 'tjiang-tjangen' [in stukjes hakken] van onze lijken, zoo die in handen vallen van Atjehers; als men nu ook eens naar de bloederige vleeschmassa's kijkt, die door onze soldaten gemaakt worden van 's vijands lijken, dan hebben wij heusch den Atjeher niets te verwijten.

Het neerschieten van gidsen. – In een journaal van een civiel-gezaghebber te Takengön werd officieel gerapporteerd, dat een gids, die een patrouille had misleid, werd neergeschoten.

Bij een excursie naar Toendjang werd eveneens een gids, omdat hij de patrouille misleidde en den commandant brutaliseerde, neergeschoten.

In een ander journaal uit de Lautstreek staat gemeld, dat een gids werd afgemaakt in tegenwoordigheid van een bevriend hoofd, omdat hij weigerde de patrouille den weg te wijzen. Waaruit blijkt, dat de gouverneur op de hoogte is van dergelijke feiten en ze stilzwijgend goedkeurt.

Door een kapitein te Meulaboh werd een hoornblazer gelast een als gids meegevoerden vreedzamen passerbewoner neer te schieten, omdat een eveneens meegenomen vriend van dezen gids, de nabijheid van den vijand vreezende, onderweg het hazenpad naar huis had gekozen en de eerste voor de handelwijze van den tweede verantwoordelijk werd gesteld.

Op één der journalen in het Lho Seumawesche (Panton Labeuë) schreef de huidige gouverneur als kantteekening bij een melding, dat de gids, die de patrouille vergezelde, door hoesten waarschijnlijk de aanwezigheid der patrouille trachtte te verraden: 'Deze man had onmiddellijk moeten worden neergeschoten'.

W. BIESHAAR
De moord op zendeling Van de Loosdrecht, 1917

In mei 1914 arriveerde de eerste zendeling in het toen nog vrijwel onbekende berglandschap van Toradjaland op Zuid-Celebes. Antonie Aris van de Loosdrecht was uitgezonden door de Gereformeerde Zendingsbond om het christendom te prediken onder de in Nederlandse ogen heidense bewoners van de binnenlanden van Celebes. Vergezeld van zijn gezin vestigde hij zich in het dorp Rantepao tussen de Toradja's en nam voortvarend de hem gestelde taak ter hand. Niet iedereen echter was gelukkig met zijn werk. Na verloop van een paar jaar keerden de sentimenten zich tegen de blanke nieuwkomers en hun maatregelen, hetgeen uiteindelijk Van de Loosdrecht op 26 juli 1917 noodlottig zou worden. Het volgende fragment komt uit een gedenkboek van de Gereformeerde Zendingsbond dat negen jaar na de moord op Van de Loosdrecht verscheen.

De 3e Maart 1917 is wel een dag van beteekenis geweest in de geschiedenis van de Zending van den Gereformeerden Zendingsbond. Het was de dag, waarop de Gouverneur van Celebes en Onderhoorigheden Rante-Pao en Ma'kalé bezocht. Dit feit was voor de inlandsche bevolking een gebeurtenis van belang. Dat de 'Toeang Maharadja', dat is de groote vorst, zelf zou komen, wat nog nimmer gebeurd was, boezemde ze de grootste belangstelling in.

De uiterlijke verschijning is de bevolking niet meegevallen. Hij kwam zonder pracht en praal. En de Toradja-hoofden zelve waren in vol ornaat. De kleurigste kleederen waren voor den dag gehaald. De achttien Districts-hoofden verschenen allen met hun gevolg en speerdragers en van de Kampong-hoofden, wel 250 in getal uit Rante-Pao alleen, ontbrak zoo goed als geen enkele.

Een van de redenen van de komst van den Gouverneur

was, dat hij een samenkomst wenschte met de Conferentie van Zendelingen, die toen uit vier zendelingen bestond, omdat Dr. van der Veen, de taalgeleerde van het Bijbelgenootschap, ook steeds als zoodanig werd meegerekend. Het doel hiervan was om over de Zending en haren snellen voortgang te spreken.

Bij die samensprekingen bleek het duidelijk, dat deze bekwame Hoofdambtenaar de Zending een goed hart toedroeg. Meermalen liet hij uitkomen, dat het hem ernst was de Zending een goede kans te geven teneinde de kerstening der Toradja's van de hoogvlakte tot een goed en spoedig einde te brengen. Nauwkeurig informeerde hij naar de invasie van den Islam in dit gebied. Hoewel noch Ambtenaren, noch Zendelingen direct gevaar van den Islam duchtten, beval de Gouverneur toch de praktijk der Indische Kerk aan, die in sommige streken van Celebes den massadoop had toegepast. Met beslistheid wezen de Zendelingen van den G.Z.B. dit voorstel van de hand.

Verder kwam de Gouverneur met een uitgewerkt plan om de twee landschapsscholen te Rante-Pao en Makalé om te zetten in z.g. standaardscholen onder leiding van de Zending. Hiermee zou een lang gekoesterde wensch der broeders in vervulling gaan. Deze scholen toch, gelegen in de centra der beide ressorten, waren voor de Zending van groot belang. Het waren scholen, waarop de kinderen der aanzienlijke Toradja's onderwijs ontvingen. Tot nog toe was dat onderwijs neutraal geweest. Thans zou dit anders worden, volgens het voorstel met 1 Januari 1918. De Zending zou van deze scholen z.g. vervolgscholen maken, of, om te spreken in de hedendaagsche terminologie, kopscholen, inrichtingen voor U.L.O.

Verder informeerde de Gouverneur belangstellend naar allerlei school-aangelegenheden, ook naar de Normaalschool, waar Toradja-jongens door Belksma voor goeroe [onderwijzer] werden opgeleid. Hiervoor zegde hij een subsidie-regeling toe.

De broeders Zendelingen achtten het een goeden dag voor hun werk. Toch was hun hart wel eens beklemd en bezwaard, als ze zagen op die honderden Toradja's, die op eenigen afstand neergehurkt geduldig zaten te wachten.

Wat zou er in de harten van die menschen omgaan?

Zou de gedachte niet bij hen kunnen postvatten, dat de Zendelingen gezamenlijk met de Ambtenaren bezig waren om over hen en over hunne belangen te spreken? Zouden er aanklachten worden gedaan? Zou er gesproken worden over het opleggen van nieuwe lasten of over het inkorten van nog meer vrijheden?

Dat zou jammer zijn.

De gedachtengang der primitieven is menigmaal eigenaardig. Niets is fataler voor het Zendingwerk dan dat de Inlander de arbeidssfeer van Ambtenaar en Zendeling niet onderscheidt en hij in een Zendeling iemand ziet, die naast of achter den ambtenaar staat. Koestert hij de gedachte, dat de Zendeling ook een soort Ambtenaar is, dan is wantrouwen jegens den Evangelie-prediker daarvan het onmiddellijk gevolg. In de praktijk van het Zendingwerk is het wel eens moeilijk om een juiste opvatting van deze verschillende functiën te vestigen. De Zendeling bemoeit zich met de scholen; maar de Ambtenaar ook. De Zendeling doet zijn best het schoolverzuim te beperken; de Ambtenaar niet minder, soms wel door van straffe middelen gebruik te maken. Op het terrein van ziekenzorg ontmoeten ze elkaar eveneens. De Inlander neemt dan ook heel gemakkelijk den Zendeling in vertrouwen om te trachten bij kwesties of rechtzaken zijn belangen bij den Ambtenaar voor te dragen, waartegen de Zendeling echter zorgvuldig heeft te waken.

De uitkomst heeft bewezen, dat de Toradja-hoofden wel degelijk dergelijke gedachten hebben gekoesterd. Zij werden daarin versterkt, toen juist een paar dagen later een verdere inperking der hanengevechten en een belasting op het slachten van karbouwen volgden. Zelfs is de vrees gewekt bij de

Heidensche bevolking, dat het Christendom met dwang zou worden ingevoerd. De doopspraktijk in het naburige Mama'sa of Binoeang, waarover later iets naders, is hun stellig niet onbekend geweest. Dat een dergelijke vrees geheel zonder grond was, behoeft geen betoog. Een feit echter is het, dat de vergadering van 3 Maart vele Toradja's in die meening heeft gebracht of versterkt.

Onze broeders arbeidden echter ongestoord voort. Op Pinksterdag, 11 Juni 1917, doopte Van de Loosdrecht een negental Toradja-jongelieden, waaronder ook leerlingen van den Normaalcursus. Met meer dan gewonen ernst sprak hij de groote schare en in bijzonder de pas gedoopten toe. Hij legde er den vollen nadruk, dat alleen de levende Christus door zijne genade bij de standvastige keuze bewaren kon en bij de dure roeping, waaronder de Christelijke doop ze tegenover het Heidendom plaatste. Het was, alsof hij een voorgevoel had van de donkere dagen, die aanstaande waren.

Toen de vroegere verdrukkingen van het Toradja-volk een weinig bij hen in het vergeetboek of op den achtergrond geraakten, begonnen ze al meer en meer te letten op de inkorting van de vrijheden waarvan ze genoten, toen ze maar naar hartelust konden dobbelen. De heerendiensten, waarin zware arbeid voor verbetering der wegen werd geëischt, waren zeer impopulair. De belastingen begon men drukkend te noemen. Vroeger hadden ze tot zelfs twaalf dagen om hanengevechten te houden en nu werden deze tot vier teruggebracht. De houtleveranties, welke gevraagd werden, waren niet klein. Maar vooral, wat eerst na jaren door de veroordeelden is bekend, schijnt het genoemde oude Districtshoofd van Baloesoe zich persoonlijk gegriefd te hebben gevoeld door een beleediging, hem door een ambtenaar aangedaan en dat nog wel temidden van zijn onderhoorigen. Daar werd het terstond uitgesproken, dat deze beleediging alleen door bloed kon worden uitgewischt. Bovendien was de positie van dat Hoofd wankel, zoodat hij bij een omkeer in den gang van zaken slechts weinig te verliezen en alles te winnen had.

Overal, waar ge een kerk gebouwd ziet, ook in ons land, vindt ge de kroeg er vlak bij. De hel bouwt de synagogen des Satans, waar de Heere zijn kerk sticht. Zie het leven, de dood zit er achter. Nauwelijks beginnen de rozen te knoppen, of de insecten komen bij myriaden ter verdelging opdagen.

Het ging zoo gezegend in het Toradja-land.

Het koninkrijk Gods breidde zich uit.

Nu zal de hel hare krachten mobiliseeren, uitnemend gebruikmakend van gemaakte fouten en bestaande ontevredenheid.

Al het genoemde deed de samenzwering geboren worden, die allereerst gericht was tegen den Ambtenaar van Rante-Pao. De beraamde aanslagen konden echter niet tot uitvoering komen. Driest, zich niet storend aan eenige bepaling, dobbelde een aantal complotgenooten in de nabijheid van Bori, waaronder ook het bende-hoofd Pong Masangka. Hun uitlevering werd geëischt, waaraan echter geen gevolg werd gegeven. De ontevredenen verbonden zich om een ieder neer te slaan, die het maar zou wagen de handen naar ze uit te strekken.

Zoo stonden de zaken, toen op Donderdag 26 Juli 1917 de heer Van de Loosdrecht hun weg kruiste. Zijn plan was geweest dien dag eens naar Nanggala' te gaan, van daar naar Baloesoe om ten slotte via Bori naar huis terug te keeren. Wat er tusschenbeide is gekomen; niemand, die het vertellen kon; doch Van de Loosdrecht heeft dezen inspectietocht plotseling in omgekeerde richting willen volbrengen, zoodat hij Bori het eerst van de genoemde plaatsen bezocht. Niemand te Bori kon dus kennis dragen van het voornemen van Van de Loosdrecht zich derwaarts te begeven. Op het allerlaatste oogenblik heeft hij zijn reisplan nog veranderd.

Het komplot kreeg kennis van zijn tegenwoordigheid te Bori. De meeste van de leden van het komplot kenden Van de Loosdrecht persoonlijk niet; maar de Zendeling was een blanke, hij was de vriend van den Ambtenaar, hij behoorde tot het ras der overheerschers, die hun vrijheden ontnamen, en dit was meer dan genoeg voor hen, om het plan te vormen om Van de Loosdrecht te dooden, in plaats van den Ambtenaar, dien ze telkens hadden gemist.

Van de Loosdrecht was gezeten in de voorgalerij. Omdat het donker was geworden, had hij de tournée-lamp aangestoken. Het was bijna zeven uur, toen hij met den goeroe nog begon om eenige pas in het Toradja'sch vertaalde Bijbelsche verhalen te corrigeeren. Nog geen tien zinnen waren behandeld, of daar dook uit de duisternis bliksemsnel een man op, gewapend met een speer. Toen Van de Loosdrecht van zijn schrift opkeek, was de man reeds op de voorgalerij gesprongen en had in een ondeelbaar oogenblik den doodelijken stoot reeds toegebracht. De boosdoener trok het wapen uit de wonde, zonder den goeroe naast den Zendeling in het minst te deren en verdween even snel in de donkerheid, als hij daaruit was opgekomen.

Het arme slachtoffer viel van zijn stoel op den grond. Het tafeltje kantelde. De lamp viel om. Een groote vlam sloeg er uit. Toegesnelde huisgenooten bluschten den brand.

Temidden van die consternatie wankelde de gewonde naar de achterkamer, maar viel weer tegen den grond. De bediende van Van de Loosdrecht, die zich nog op zijn bevel naar den Gezaghebber zou begeven, werd met steenworpen teruggedreven naar de goeroe-woning.

Intusschen had men met vereende krachten den gewonde op bed en een voorloopig verband gelegd. De steek was vlak onder het hart toegebracht. Het bloedverlies was vreeselijk. Op de vraag van de Njora [onderwijzersvrouw]: 'Willen we trachten uw vrouw hier te halen?' antwoordde hij met de woorden, de laatste, welke hij gesproken heeft: 'Neen, het is niet meer noodig; want ik ga spoedig sterven. Ik wensch nu te bidden.'

Hierop vouwde hij de handen en hief de oogen hemel-

De samenzweerders tegen zendeling Van de Loosdrecht.
Links staat de eigenlijke dader.

waarts. Daar lag onze broeder, ver van zijn land, ver van zijn familie – zelfs zijne vrouw en kinderen konden niet bij hem zijn – onder een vreemd volk te sterven. Degenen, die bij hem waren, zagen, dat hij met de eeuwige dingen bezig was en trokken zich een weinig terug. Zoo lag hij stil neer, maar blijkbaar onder een geopenden hemel. Zonder nog een woord te spreken, zonder zich te bewegen, zonder verderen doodstrijd is hij biddende ontslapen. Alles verliep in den tijd van hoogstens een kwartier.

Ontslapen, – ja, dat is toch het rechte woord, al velde moordenaarshand dezen noesten werker en vurigen strijder neer. Dit woord doet denken aan het inslapen van een kind in moeders armen. Zelfs zijne lieve vrouw was niet tegenwoordig, – maar wel Hij, die nooit verre is, maar nabij de ziel, die tot Hem vlucht; wel Hij, die alle afwezigen verving en het voor allen goed maakte in zijn sterven, zoodat dit sterven een ontslapen genoemd moet worden.

Ontslapen, – ja, de levensdag voor dezen werker was spoedig voorbij; zijn taak was volbracht; voorbij de arbeidsweek van zijn leven met de vele moeiten, zorgen, zonden, bitterheden en, – steen- en speerworpen. Nu mocht hij rusten en daarom ontsliep hij.

Ontslapen, – ja maar op zulk een ontslapen volgt een heerlijk ontwaken. De laatste snik gaat over in een psalm en de laatste zucht in een jubel voor den troon van het Lam.

Ontsliep hij in het donker, hij ontwaakte in het licht.

Het geschreeuw van den goeroe ging na het overlijden van huis tot huis en van kampong tot kampong werd het voortgeplant. Dit bracht al spoedig het Onderdistrictshoofd met eenige getrouwen ter plaatse, die het goeroe-huis bewaakten, totdat de Civiel-gezaghebber den volgenden dag verscheen.

Welk een slag! Een slag voor zijn vrouw en kleine kinderen! Een slag voor de andere broeders op het Arbeidsveld! Een slag voor het werk van den G.Z.B.!

Ondoorgrondelijk zijn Gods wegen.

Het onderzoek heeft wel uitgewezen, dat het een eedgespan was om het Gouvernement te verjagen. Er zijn nog enkele andere gewelddaden gepleegd. Er zijn nog bruggen en werkloodsen in brand gestoken en de Ambtenaar van Rante-Pao is met een tiental politiemannen maar nauwelijks aan den dood ontsnapt. Maar al heel spoedig was het Bestuur den toestand meester. Vele Hoofden en aanzienlijken zijn bij dit complot betrokken geweest. Bijna zestig zijn er gestraft met tuchthuisstraf naar Nieuw-Guinea, Java en Sumatra.

Zaterdag, 28 Juli, is Zendeling Van de Loosdrecht onder toeloop van veel menschen te Rante-Pao begraven, waarheen het stoffelijk overschot uit Bori overgebracht was. De Goeroes en de Inlandsche Christenen werden uitgenoodigd den overledene de laatste eer te bewijzen en vriendenhanden verrichtten in dat verre land alles, wat in dergelijke omstandigheden gedaan wordt.

Van de Loosdrecht was heengegaan. Zijn werk is gebleven. De Heere heeft dat werk niet laten varen, omdat het Zijn werk is. Hij volendt, wat zijn hand begon. Daarom heeft Hij Zijn handen er naar uitgestrekt. Die heeft Hij ook uitgestrekt naar zijn diep bedroefde weduwe. Deze verliet in 1918 Rante-Pao. Zij vertrok naar Solo, waar zij een geruimen tijd, van Januari 1918 tot Maart 1922, een zeer gewichtigen werkkring had in het Zendingshospitaal aldaar. Toen keerde zij naar het vaderland terug om te Leiden te gaan wonen met de kinderen, die de Heere haar geschonken en gelaten heeft.

DE BANIER VAN WAARHEID EN RECHT
Rellen in Paramaribo rond Anton de Kom, 1933

Eind 1932 kwam de Surinamer Anton de Kom met zijn Nederlandse vrouw en hun kinderen terug in zijn vaderland. Hij had sinds 1922 in Nederland gewoond, waar hij actief was in communistische en anti-koloniale kringen. De koloniale autoriteiten zagen zijn komst met argwaan tegemoet. Vrijwel direct na zijn aankomst ontstond er inderdaad onrust, die slechts werd verergerd toen de autoriteiten 'AdeK' lieten opsluiten. De hierop volgende demonstraties liepen op 7 februari 1933 uit op een schietpartij waarbij twee burgers stierven door politiekogels. De Kom werd kort hierna op de boot terug naar Nederland gezet, waar hij door de Communistische Partij Holland als een held werd onthaald. In 1934 publiceerde hij zijn beroemde boek Wij slaven van Suriname. *Gedurende de Tweede Wereldoorlog sloot De Kom zich aan bij het verzet. Hij werd verraden en stierf op 24 april 1945 in het concentratiekamp Neuengamme. De volgende fragmenten en zeer kritische commentaren over de gebeurtenissen van 1933 zijn ontleend aan grotendeels anonieme verslagen uit de Surinaamse krant* De Banier van Waarheid en Recht.

[31 januari]
In de laatste dagen richtten vele Oosterlingen, meerendeels van Javaansche landaard, hun schreden naar het kantoor van zekeren heer De Kom, een zoo net naar hier teruggekeerden Surinaamschen gekleurde. Vanmorgen evenwel bleek de toeloop onrustbarend toe te nemen. Om negen uur bijv. bracht het veer circa 100 tegelijk en elken keer kwamen er meer.

Plotseling werd een aantal politie-agenten – onder wie ik – verzameld, gewapend met geladen pistolen onder bevel van inspecteur Essed. Deze geleidde de troep naar de Pontenwerfstraat, tot voor de woning van den heer De Kom. De omgeving was bezaaid met Javanen, die het erf in en uitliepen. Kort na onze aankomst rukte hoofd-inspecteur Buillab aan met manschappen, weldra gevolgd door meer. Niemand mocht blijven staan. Het was 'doorloopen' of: de gummi-stok werd voor den dag gehaald. Kameraad Stuger, die blijkbaar onbekend was met de behandeling en uitwerking van het pistool, haalde meermalen dit vuurwapen voor den dag.

Het begon te regenen en de voorbijgangers, die daartegen dekking zochten onder de luifel van den Chineeschen winkel, waarboven de heer De Kom woont, werden met de gummi-stok verdreven, een mocht zich zelfs verheugen in een schop van onzen hoofd-inspecteur. Op het erf gingen wij niet. Aldaar bevonden zich talrijke Javanen, die in beroering werden gebracht door het postvatten van een zoo groot aantal politiemannen voor de deur. De heer De Kom vermaande tot koest zijn, al zou een hunner zelfs door de politie mishandeld worden. De Procureur-Generaal wenschte toegelaten te worden tot het bureau-De Kom. Deze weigerde dit.

In den namiddag werd de wacht versterkt met scherp gewapende soldaten onder luitenant Weber. Intusschen moet den heer De Kom ongemerkt uit wandelen zijn geweest. Wat in den avond en den nacht is geschied, is mij niet bekend, want ik werd afgelost, doch met bevel op een oortje te slapen.

[1 februari]
Den volgenden morgen hoorde ik op het Paleis dat de militairen zich onberispelijk gedroegen, maar dat de politie onbehoorlijk tekeer ging: weerloze Javanen werden met de gummi-stok mishandeld; een werd zelfs aan het hoofd gewond. De heer De Kom bleef desondanks tot gelatenheid en kalmte aanmanen.

De heer De Kom, die zich op weg naar den Gouverneur bevond, werd door inspecteur Mac Donald teruggehouden en als gevangene opgebracht naar het Paleis, alwaar de Procureur-Generaal en de Rechter-Commissaris voor strafzaken intusschen gezeteld waren, om den heer De Kom in verhoor te nemen. Intusschen werden de bibliotheken van de heeren De Kom, [en zijn medestanders] De Sanders en Doedel in beslag genomen. De Sanders was middelerwijl aangehouden en Doedel in huisarrest gesteld, diens winkelbedrijf werd door de Politie gesloten.

Dit optreden van de politie en de justitie veroorzaakte een bedenkelijke agitatie onder de bevolking. Gedurende den loop van den voormiddag nam de stroom van Javanen en Britsch-Indiers naar Paramaribo toe, die oorzaak moet zijn geweest, dat op een gegeven oogenblik de toegang aan den Waterkant – richting Pontenwerfstraat – door de politie werd afgezet.

De huiszoeking bij den heer De Sanders, terwijl deze op het politie-bureau was vastgehouden, moet zijn vrouw in een toestand van waanzin hebben gebracht. De Javanen, hoewel aangemaand naar hunne woonplaatsen terug te keeren, bleven met bedenkelijke gezichten te Paramaribo hangen. Men vertelde mij, dat zij wilden zien wat met den heer De Kom zou gedaan worden.

[4 februari]
Zaterdagmorgen wendde wederom een delegatie zich tot de Procureur-Generaal om de invrijheidstelling van De Kom op te eischen. Toen hieraan geen gevolg kon worden gegeven, voegden de leden van de delegatie zich bij een duizendtal betoogers dat de invrijheidstelling van De Kom verlangde. Zij gedroegen zich ordelijk en rustig doch weigerden om heen te gaan. De politie liet versterking aanrukken. De geweren werden in aanslag gebracht en later geladen. Het volk week niet weg. De inspecteur Lo A Njoe klom op een stoel en trachtte de menigte toe te spreken. Dit werd hem onmogelijk gemaakt door het hoerah geschreeuw van de honderden.

Toen verscheen de Procureur-Generaal ter plaatse en onderhield zich met degenen die bij hem waren. De Procureur-Generaal trachtte hen duidelijk te maken dat er nog geen beslissing kon genomen worden en dat zij later alles zouden vernemen. Gevraagd werd om De Kom desnoods voor vier dagen in vrijheid te stellen. De Procureur-Generaal wees op het onmogelijke van de eisch. Toen werd een ultimatum gesteld. Men zou dan tot Dinsdag a.s. v.m. 9 uur wachten. Kreeg men geen bevrediging dan moest men maar doodschieten.

Door de betoogers wordt nl. het volgende geeischt. Zij wenschen te weten welke de feiten zijn die aanleiding hebben gegeven tot de aanhouding van De Kom. En indien dit geschied is zonder wettelijke termen hem direct in vrijheid te stellen. Na het onderhoud van de Procureur-Generaal met de betoogers gingen zij heen.

[7 februari]
Gistermorgen trokken menschengroepen mannen en vrou-

wen langs verschillende straten naar het Parket. [...] Toen trokken zij naar het Gouvernementsplein om daarlangs het Parket te bereiken, teneinde van den heer Van Haaren te vernemen, waar zij De Kom zouden kunnen opwachten. Op het plein ontmoetten zij den heer Van Haaren temidden van de politie-inspecteurs Kleinhout en Lo A Njoe en ook hier een menigte politie-agenten in volle wapenrusting, die hen tegenhield den Procureur-Generaal te naderen. Door de verzamelde volksmenigte was er natuurlijk rumoer, zoodat ik, die stond op de stoep van de Administratie van Financien niet hooren kon, wat door den heer Van Haaren met de politie-inspecteurs, die in de omgeving van de Secretarie stonden, gedelibereerd werd.

Op een ondeelbaar moment hoorde ik een salvo, doch zag niemand vallen. Ik hoorde uit de menigte schreeuwen: 'Zij schieten in de lucht of met losse patronen, want met scherp kunnen ze niet op ons vuren, wijl wij ongewapend zijn en geen geweld plegen.' Alstoen zag ik nog tot tweemaal toe de politie vuren op de menigte en kon ik waarnemen dat er eenigen getroffen waren, want een aantal viel op de grond. De menigte nam daarop de vlucht. Ook ik koos het hazepad.

Bij het gebouw van het Hof van Justitie zag ik den Britsch-Indiër Lalla, de alom bekende melkverkooper van De Goede Verwachting (Witte Buiten) komen aanstrompelen met beide handen op de linkerborst. Ik ving hem op, opende zijn hemd en zag het bloed gutsen uit zijn linker borst. Na hem op de stoep van het gebouw te hebben neergelegd, snelde ik weg, na intusschen opgemerkt te hebben dat uit het militair fort soldaten aankwamen vermoedelijk met verbandkisten om de eerste hulp aan de getroffenen te verleenen.

Later vernam ik, dat een was doodgeschoten en een kort daarop was overleden, 21 gewonden werden opgenomen, waaronder 3 ernstig getroffenen (Creolen, Britsch-Indiërs en Javanen).

Nog moet ik vermelden dat soldaten het Gouvernementshotel bewaakten. In het gerechtsgebouw van den Kantonrechter van Paramaribo waren zij opgesteld blijkbaar ook als reserve voor de op het plein opereerende politiemacht.

[8 februari]
Aantekening van de Redactie.
Met het veer van 6 uur voorm. gisteren, werden een aantal politie-agenten in volle wapenrusting naar Meerzorg overgevoerd, want er zou iets gaande zijn in de Commewijne van de zijde der Indonesische en Hindostansche contractanten.

In de omgeving van de woning van De Kom dwalen nog steeds groote massa's, vooral Hindostanen en Indonesiërs, en ook in andere buurten, in groepen van zes tot twaalf met onvriendelijke tronies rondkijkende. Uit de districten trekken nog steeds langs diverse wegen die Oosterlingen naar Paramaribo ter bedevaart bij De Kom aan de Pontenwerfstraat, alsof daar ware Mekka of Lourdes. Die lui beweren, dat deze 'communist' is *de* Messias der menschheid.

Hoe 't ook zij, door het tactloos optreden van de Politie, schijnt de breuk tusschen Overheid en bevolking te zijn voltooid. Wij sidderen en duchten! En vragen tevens Quo Vadis. Was het gemotiveerd op een geheel ongewapende volksmenigte met scherp te doen vuren zonder dat vooraf was gegaan, desnoods, een charge met de gummi-stok of de klé-wang? Is er geen plaats voor de bewering, dat hier niet met tact is opgetreden en een daad is gepleegd welke een zwarte bladzijde in de geschiedenis van Suriname's bestuursbeleid zal zijn? Gebeuren zulke dingen in het moederland bij demonstraties en betoogingen, zelfs van Communisten?

[8 februari]
Zooeven werd ons uit het politie-bureau des gevraagd medegedeeld, dat de Gouverneur, de Procureur-Generaal en de Kapitein Commandant der troepen zich hebben bege-

ven op het Politiepaleis om tevredenheid te betuigen aan de beambten. Gespeeched werd door Gouverneur, Procureur-Generaal en Kapitein der troepen over het heldhaftig gedrag der Politie. Nadat de Gouverneur was vertrokken, werd een koele dronk (men zegt soda en limonade en ook bier) gebruikt door Politie autoriteiten en militaire officieren. En *dit* op dezen dag. Het spreekt boekdeelen; maar *niet* in het voordeel van de kieschheid en menschelijkheid van de Machthebbers in dit land.

[8 februari]
Engelsch onderdaan doodgeschoten.
Heden morgen na de begrafenis van mijn broeder Cyril Murray, vervoegde ik mij bij den Procureur Generaal op het hoofdbureau van politie.

Aan zijn HoogEd. Gestrenge deelde ik mede, dat ik de wettelijke broeder ben van meergenoemden Cyril Murray, die door de Hollandsche regeering van Suriname van achteren was geschoten, waar bij hij door longen en hart werd getroffen en dood neerviel. Na het woord 'Regeering' te hebben gebruikt verbaasde het Zijn HoogEd. Gestrenge en zeide hij mij, dat het niet de regeering is, die mijn broeder heeft doodgeschoten; daarna wendde hij zich om en verzocht ik hem gehoord te worden in deze, aangezien ik zeer humaan jegens Zijn HoogEd. Gestrenge was.

Daarna vroeg Zijn HoogEd. Gestrenge mij wat mijn verlangen is: ik zeide hem toen, dat ik van hem wensch, dat hij de Engelsche regeering telegrafisch in kennis stelt, dat de Engelsch man Cyril Murray, oud 38 jaren, door de regeering van Suriname van achteren is doodgeschoten, getroffen in long en hart met verzoek het bericht over te geven aan de familie Murray – broeders en zusters van den overledene. Dit verzoek kon Zijn HoogEd. Gestrenge niet inwilligen, doch wel een schrijven zenden aan den Hollandse Consul te Georgetown. Ik vroeg verder den Procureur-Generaal

mij toestemming te verleenen om zulks op mijn kosten telegrafisch aan de Engelse Regeering te zenden waarin Zijn HoogEd. Gestrenge toestemde.
8 Feb. '33 / H. Murray

[18 februari 1933]
Voor de geschiedenis. In haar relaas omtrent het gebeurde op Dinsdag, 7 dezer, op het Gouvernementsplein, deelt *Suriname* mede:

'Het aantal slachtoffers bedraagt 22, onder wie 8 creolen, 8 Javanen en 6 Britsch-Indiers. In het hospitaal werden allen opgenomen. Er zijn er evenwel die lichtgewond zijn en zich dus niet hebben aangemeld. Tot nu toe zijn er twee dooden te betreuren. Dat de menschen niet gewapend waren moge blijken uit het feit, dat van de in het hospitaal gebrachte 22 gewonden op geen wapens gevonden werden. Slechts op Cyriel die dood bleef, werd een broodmes gevonden.'

De twee laatste pertinente en ondubbelzinnige zinnen spreken boekdeelen, waarom het ons niet noodig voorkomt daaraan iets toe te voegen. Wij betreuren slechts het gebeurde, in de vaste overtuiging, dat God eenmaal richten zal.

Gelijk unaniem door de geheele Pers en alle ooggetuigen wordt erkend en bevestigd: het was een gewone Volksoploop, een demonstratie van een ongewapende volksmenigte en op die menigte werd geschoten: vier salvos gegeven.

[18 februari]
Het ondervolgende wordt ontleend aan 'Onze Gids', orgaan van de Christelijke Onderwijzersvereeniging 'Broederschap' van gisteren.

Christelijke onderwijzers zijn toch geen opruiers?
'Een bladzijde uit: *Surinaamsche geschiedenis geschreven voor de jeugd* door Argus. Motto: Gij zult niet doodslaan!
7 Februari 1933. De straten (vooral de z.g. schoolstraten) leken uitgestorven. Haast geen schoolkinderen te bekennen. Ruim

80 % der schoolbevolking dien dag absent. Vele ouders hadden hun kinderen thuis gehouden, want er was door velen beweerd, dat 'De Kom' dezen dag in vrijheid zou gesteld worden en men vreesde voor 't ergste. In 't Hospitaal werd er niet geopereerd.

Een *'weerlooze'*, *'ongewapende'* massa stroomde naar het Plein, om De Kom, die straks losgelaten zou worden, een ovatie te brengen. Ongeveer 10 uur snelden een paar ouders naar de scholen om hun kinderen op te eischen, want er was geschoten, 2 dooden, 23 gewonden. Van onderwijs geven was er geen sprake,

8 *Februari* 1933. Speech in het Politie paleis terwijl de dooden begraven werden. De vrouw van de commissaris werd een bloemstuk aangeboden. *Prosit!*: 'Gij zult niet dooden!'

J.E. STULEMEYER
De moorden van Fort Zeelandia, 1942

In de Tweede Wereldoorlog bleven Suriname en de Nederlandse Antillen 'vrij' Nederlands grondgebied. 'Staatsgevaarlijke' personen werden er geïnterneerd, waaronder alle Duitsers (zelfs zendelingen en in enkele gevallen Joden), enkele Surinaamse nationalisten en Nederlanders die werden verdacht te sympathiseren met nazi-Duitsland en Anton Musserts Nationaal-Socialistische Beweging (NSB). Ook werden 146 in Nederlands-Indië gearresteerde vermeende NSB-ers naar Suriname overgebracht. Een van die laatsten, J.E. Stulemeyer, deed na de oorlog een onthutsend verslag van de 'heldhaftigheid' van zijn bewakers in Suriname, Nederlandse militairen. Stulemeyer behoorde tot de grote groep Indische geïnterneerden die in werkelijkheid nooit NSB-er waren geweest. Na de oorlog volgde halfslachtige rehabilitatie, maar geen bestraffing voor de daders van wat inmiddels een 'laffe moordpar-

tij' heette. Toen was verder bekend dat juist de verantwoordelijke Nederlandse kolonel Meyer zélf in Indië NSB-er was geweest en daarom wellicht deze lastige getuigen had willen opruimen.

Op 4 november 1942 braken we met ons vieren uit onze strafcellen, C.J. Kraak, L.E.A. Raedt van Oldenbarnevelt, L.A.J. van Poelje en ik. Hartog van Banda kon niet tijdig uit zijn cel komen en bleef achter. Met ons vieren namen we de vlucht. Maar de Nederlandse mariniers achterhaalden ons. Zij wilden ons direct doodschieten. Dit werd belet door luitenant Snoeck van de Irenebrigade, die zeide: 'Ik heb de opdracht gekregen om jullie neer te schieten maar ik schiet niet op ongewapende mensen; indien jullie echter ook maar één poging doet om te ontsnappen zal ik mijn orders uitvoeren'. Een andere luitenant wilde echter toch schieten. Om dit te tonen gelastte hij ons om te hurken en zo schoot hij tussen onze benen door. Ook een pret!

Raedt van Oldenbarnevelt zei: 'Man, doe toch niet zo flink. Je ziet toch dat we totaal uitgeput zijn.' Maar luitenant R., die zich graag Bill hoorde noemen – hij was een paar maanden in Canada geweest – brulde dat we op Indiaanse wijze zouden geboeid worden. Het gebeurde: wij kregen een natgemaakt touw door de mond en werden dan twee aan twee gebonden. Zo'n nat sisaltouw door de mond is een wrede marteling, benauwd en erg pijnlijk, al doende voortdurend pijnlijker, een barbaarse marteling. Toen we eenmaal geboeid waren, sloegen de mariniers er met knuppels op los. Weken later waren de sporen van die knuppelpartij nog zichtbaar.

De weg terug naar het interneringskamp was niet lang. De mariniers maakten duchtig gebruik van de knuppel. De cellen waren weer hersteld. De touwen werden weggenomen en de gevangenen kregen de handen op de rug vastgemaakt met stalen boeien, die in vijf dagen geen enkele keer losgemaakt werden.

Wij vieren zouden met het motorbootje *Wetuma* naar Paramaribo gebracht worden. Wij werden steeds geboeid, bewaakt door vier gewapende mariniers die ook de knuppel meegenomen hadden, maar er gedurende deze reis geen gebruik van maakten. Aan de steiger te Paramaribo stond een militaire vrachtwagen klaar. Twee mariniers sloegen en gooiden de geboeide gevangenen er op. Het was een korte rit naar het fort Zeelandia. Daar werden we in afzonderlijke cellen getrapt. Ik hoorde een marinier zeggen: 'Ik neem die Stulemeyer wel, want dat is de ergste. Die rotploert heeft een klacht ingediend tegen mij in het fort Nieuw Amsterdam, omdat ik hem daar voor zijn raap wilde schieten. Dat mislukte, maar ik zal hem wel krijgen!'

Inderdaad, een paar minuten later werd ik als eerste uit de cel gehaald. Vandaag nog ben ik verbaasd over mijn incasseringsvermogen van toen. De mariniers knuppelden mij zo hard op mijn hoofd, dat het was alsof er vlammen uit sloegen. Ik werd naar het bureau gebracht, met twee knuppelaars achter mij aan. Er zat reeds een luitenant-kolonel. Dan kwam kolonel J.K. Meyer, die een scheldpartij begon: 'Vuile rotploert! Dacht je te kunnen vluchten, vuile smerige landverrader! Door jouw schuld zijn in Rotterdam 300.0000 mensen vermoord!' Toen kolonel Meyer klaar was met zijn scheldbeurt, beval hij: 'Breng die vent terug naar zijn cel. Maar: één stap verkeerd, en je schiet hem dwars door zijn donder!'

De overste A.T. van Kuyk herhaalde het. Aan de mariniers Grift en Verhoeven werd gevraagd of ze het begrepen hadden. 'Jawel, kolonel; jawel overste!' Met knuppelslagen werd ik terug naar mijn cel gebracht. Opeens sloeg de slagpin van een tommy-gun in. Het schot ging echter niet af. Onder grove vloeken werd het wapen gerepareerd; althans, marinier G. probeerde dat te doen. De patroonhouder viel er af toen hij mij met het wapen te lijf ging. Hij riep tot zijn makker: 'Geef mij een ander wapen; dat rotding klemt!' De makker was echter een andere gevangene gaan halen. Ik kreeg een geweldige trap in mijn lenden en vloog voorover op de cementen vloer van de cel.

Daarop werd Raedt van Oldenbarnevelt naar buiten gebracht. Hij kreeg het reeds bekende pak slaag met de intussen beruchte knuppel. 'Wat doen jullie toch', riep hij uit, 'waarom moet je een geboeide man aftuigen?' Het slaan duurde nog enige minuten. Dan werd Raedt bij de twee officieren gebracht. Wat er daar gezegd werd of gebeurd is, weet niemand, maar bij het buitenkomen werd de geboeide man met een vijfvoudige vuurstoot doodgeschoten.

Er werd geroepen: 'Die andere nu!' Van Poelje werd uit zijn cel gehaald en kreeg een vuurstoot van vijf schoten. Hij was niet dood en riep: 'Mijn God, wat heb ik toch misdaan?' Er kwam een militaire vrachtwagen aangereden. Het lijk van Raedt werd erop gegooid en daarna de stervende Van Poelje. Zijn hoofd bungelde buiten de wagen. De mariniers G. en V. schopten en sloegen tegen dat hoofd. De dode en de stervende werden op de stoep van het ziekenhuis gelegd. Zieken vestigden de aandacht van een dokter op hetgeen er gebeurde. De arts, een Surinamer dr. Lo A Sjee, poogde Van Poelje te helpen, maar het mocht niet baten. De twee slachtoffers van de dubbele moord werden begraven.

Nadat Van Poelje neergeschoten was, werden Kraak en ik uit onze cellen gehaald. Om vermoord te worden? Zo ver kwam het niet, omdat Cummels, direkteur van het fort Zeelandia, tevens politie-inspekteur, kwam toegelopen en schreeuwde: 'Laat dat! Dat is een platte moord!' De beide gevangenen werden teruggebracht naar de cellen, ditmaal zonder slaag. We verbleven daar nog vier dagen, zonder eten of drinken en steeds met de handen op de rug geboeid. Een Surinaamse schutter wilde ons eens wat te drinken geven. Hij bracht een bierblikje met water aan de mond van mij, maar marinier V. sloeg het blikje weg en gaf de schutter een pak slaag. Op een avond kwam de officier-van-piket langs de cellen en vroeg aan een van de bewakers: 'Wie zitten daar?' Een marinier antwoordde: 'Oh die, dat zijn die twee landverraders. Twee hebben we er al neergeknald en deze twee komen dinsdag aan de beurt!'

Kraak en ik werden die dinsdag inderdaad uit onze cellen gehaald om zes uur 's morgens. Wij werden naar de binnenplaats gebracht, zagen hoe mariniers kwamen toegelopen en dachten dat ons laatste uur geslagen was. Tot onze grote verbazing werden we naar een vrachtwagen gebracht en kregen bevel, erop te klimmen. Op de rug geboeid zoals we waren, konden we dat niet. Daarop werden we bewusteloos geslagen. Toen we bijkwamen, was de wagen al aan het rijden. Wij lagen boven op kisten, gehavend en versufd.

Door een sergeant van het KNIL (Koninklijk Nederlands-Indisch Leger) werden Kraak en ik teruggebracht naar het kamp Joden-savanne, zonder ook maar éénmaal uitgescholden of geslagen te zijn. De sergeant zei onder meer: 'Jullie mogen de beul wel dankbaar zijn dat jullie nog leven. De opdracht was, jullie gevieren dood te schieten.'

Ir. L.K.A. Raedt van Oldenbarnevelt en L.A.J. van Poelje waren vermoord.

In deze historie viel opnieuw op, wat ook in Nederlands Oost-Indië werd ervaren, dat de gekleurden van een hogere ontwikkeling en een menselijker inborst blijk gaven dan de Nederlandse militaire en burgerlijke autoriteiten en ondergeschikten, zij waren vriendelijker, leenden zich niet voor mishandelingen en gaven herhaaldelijk te kennen, de hele zaak niet te begrijpen. Ze hoorden de ge nterneerden wel onophoudelijk uitschelden voor landverraders, maar als ze navroegen wat die mensen dan eigenlijk gedaan hadden, konden ze van geen enkele Nederlandse soldaat of officier een zinnig antwoord los krijgen. Ze keken doorgaans niet begrijpend en met een zekere sympathie naar het wel en wee van de slachtoffers. Hoe dit verschil in mentaliteit te verklaren is, mogen de psychologen en polemologen uitmaken. We laten het bij het constateren van het feit, een door zeer velen betuigd en door zeer velen bevestigd feit.

En wat de militaire bevelhebbers betreft, wat mankeert er te onzent aan de militaire opleiding? We hebben hogere krijgsscholen en militaire academies. Hoe is het mogelijk, dat de heren zo ver beneden hun stand leefden en van een jungle-mentaliteit blijk gaven?

L.J.E. LAAN-VON DER OELSNITZ
De bersiap-periode, 1945

Nadat de Japanners hadden gecapituleerd en vervolgens op 17 augustus 1945 Soekarno en Hatta de Indonesische onafhankelijkheid hadden uitgeroepen brak een periode van grote onzekerheid aan. Met name gedurende het eerste half jaar vielen ongeorganiseerde groepen Indonesische jongeren Europeanen en Indo-Europeanen aan. Deze tijd wordt wel de 'Bersiap' genoemd, refererend aan de aanvalskreet van de jongeren: 'Bersiap!!' (Wees Klaar!!). Voor hen die door de Japanners geïnterneerd waren geweest, betekende de Bersiap een volgende fase van oorlogsgeweld. Bovendien werden vele Indo-Europeanen, die tijdens de Japanse bezetting buiten de kampen waren gebleven alsnog door Indonesisch Republikeinse groepen opgepakt en geïnterneerd. De 'bersiap-periode' was er een van voortdurende angst. Mevrouw L.J.E. Laan-Von der Oelsnitz, geboren in 1921 te Makassar en zelf van Indo-Europese afkomst, haalt in 1997 in een interview met de Stichting Mondelinge Geschiedenis Indonesië herinneringen op aan die ingrijpende periode die zij meemaakte op Java.

'Iedereen was al vrij daar buiten, maar de mensen in de kampen werd dus aangeraden om in de kampen te blijven. Ze werden toen inderdaad heel goed door de Japanners behandeld. De Japanners waren opeens reuze vriendelijk en ze bogen. Er werden geen klappen meer uitgedeeld. Ze kregen heerlijk eten, het Rode Kruis kwam. Hun werd wel op het hart gedrukt van: 'Blijf in de kampen, want het is buiten onveilig', omdat het Indonesische volk toen in opstand kwam. En die hadden bovendien ook allemaal honger, dus ze waren er toch ook op uit om spullen te stelen of wraak te nemen of wat dan ook.

En toen heb ik verschillende verhalen gehoord van vrienden van me. Van een van mijn vriendinnen bijvoorbeeld. Klasgenootjes van haar, jongens, zijn toch het kamp uitgegaan. Die gingen naar de plaats waar ze gewoond hebben – ja, want ze waren toch 'vrij'. Nou, die vonden natuurlijk hun huizen al bezet en die gingen naar kennissen. En zo waren bij die vriendin twee jongens, Hollandse jongens, hun komen opzoeken en die kregen daar onderdak. Nou, en dat werd aangegeven (en dat was niet door de Jap) maar door de Indonesiërs werden ze vermoord, die twee jongens, die twee Hollandse jongens, en dan die zoontjes.

Nou, en van een ander was de grootmoeder, die had buiten – dus op het platteland – een tuin, een huisje, waar ze wat verbouwde en zo leefde van producten uit de tuin. Ze was ook iemand bij wie de mensen uit de omgeving kwamen als ze medicijnen nodig hadden. Ze gingen echt niet naar een dokter want daar hadden ze geen geld voor. Of ze moesten bij hun eigen medicijnman komen en daar hadden ze weinig vertrouwen in. Ze vroegen haar meestal tabletten. En die gaf ze dan ook, of die hielp ze. Dan denk je: die loopt geen gevaar. Want de kinderen zeiden: 'Ma, kom dan naar de grote stad. – Dat was dus naar Soerabaja – Blijf nou niet op je erfje, want dat is gevaarlijk. Je bent daar de enige Europeaan.' Zij: 'Welnee, mijn mensen kennen me.' Nou, ze is niet meer teruggekomen. Ze hebben haar gekruisigd met het hoofd naar beneden. Ze had honden op het erf. Ze hebben die honden ook gekruisigd.

En weer een andere vriendin van me, die heeft in Sumatra gezeten. Haar ouders hadden een klein landbouwbedrijf. En toen dus die *bersiap* kwam, dus de Indonesische vrijheidsstrijd, toen heeft een bevriende Indonesiër haar vader gewaarschuwd. Hij kwam – ze woonden hoog in de bergen – hij kwam speciaal met de auto naar hun toe, met gevaar eigenlijk voor eigen leven. En hij heeft tegen die man gezegd: 'Ga weg, met die auto', want ze hadden hun auto nog. 'Ga weg met de auto met je hele gezin. Pak maar de noodzakelijke dingen in en ga weg, want de bevolking is op weg om overal te gaan roven en plunderen. En Europeanen die worden gewoon vermoord.' En die vader zei nog: 'Mag ik even mijn buren waarschuwen?' Die Indonesiër: 'Nou, als je dood wilt, dan doe je dat maar.' 'Wanneer moet ik dan vertrekken?' vroeg de vader. 'Nu!', zei hij, 'je laadt ze allemaal in de auto, neem zo weinig mogelijk spullen mee, want je gezin is het eerst.' En toen is hij ook gauw weggegaan, want ze mochten hem niet zien. Anders dan zouden ze die Indonesiër een kopje kleiner hebben gemaakt. Dus die man heeft zijn hele gezin ingeladen en is er vandoor gegaan. Die hebben het nog gered, maar de rest, die niet gewaarschuwd was, nou ja, die zijn ook al of niet teruggekomen.

En dat had je dus overal. Op Java ook. Als je diep in het land woonde, op het platteland of hoog in de bergen en je was alleen, dan werd je vermoord, niet door mensen in je omgeving, maar van andere kampongs af, want die wisten dan: oh, daar heb je nog een Europeaan. En in hun ogen had een Europeaan altijd nog wel spullen. Meer dan zijzelf. Over het algemeen was het meer roof, en dan escaleert het. Want dat gaat dan vanzelf. Honderden mensen die dan op rooftocht uit zijn en dan vechten ze onderling met elkaar over de spullen die ze te pakken kregen. En als je daar als Europeaan tussen zat. Nou die mensen waren allemaal al verhit, en boos en wraakzuchtig. Nou, je weet niet wat er allemaal speelt.

Later in het interview vertelt mevrouw Laan-Von der Oelsnitz hoe ze zelf op transport werden gesteld.
En toen kwam de trein. We werden allemaal gebracht, we moesten rennen, want de trein had niet zo veel tijd om te lang te blijven staan. We stonden toevallig bij de eerste klas wagons, maar we moesten rennen naar achteren toe om in een soort veewagen te komen. Maar toen kwam er opeens een Indonesische inspecteur aan, en dat was een vriend van mijn vader, een zoon van een regent – een hooggeplaatst Indonesisch bestuursambtenaar – en hij heeft toen die ene man, die was dus lager in rang, de mantel uitgeveegd en gezegd van: 'Deze mensen zijn geen gevangenen. Ze worden door Soekarno beschermd.' Dus wij weer rennen terug naar de eerste klas. Daar gauw ingestapt. Nauwelijks zaten we of die trein ging al. Want die trein kwam ergens uit West-Java, waarschijnlijk uit Jakarta of Bandung, dat weet ik niet. En het was maar een heel klein hulpstationnetje, en daar moesten ze stoppen voor ons.

Toen gingen wij weg en ergens in Maos, dat is een heel kleine plaats niet ver van de stad waar we opgesloten zouden worden, bleef de trein wel een uur lang staan. Want daar was een hele oploop van de Indonesische bevolking die ons eruit wilden halen, want de dag tevoren hadden ze daar elf Japanners op straat vermoord. En toen kwam onze trein. Ze wisten dat we er in zaten, want anders had je nooit die grote opkomst. En we keken naar buiten. Op de treinen stond gekalkt: 'Freedom for all'. En ik zat net boven 'free'. Toen zeg ik nog tegen mijn zusje: 'Free. En wat doen ze met ons?' En mijn vader zei: 'Wees toch rustig, meisjes. We zijn in een gevaarlijke toestand.' Want hij zag en hij hoorde wat de bevolking daar schreeuwde. Want ze maakten het gebaar van 'keel afsnijden'. Honderden mensen, allemaal. Mijn vader hoorde in het Javaans zeggen: 'Pateni wae', 'dood ze'. En ze hebben zitten dwingen bij die begeleiders van ons. Maar die jongens – dat waren dus wel jonge jongens – die hebben het bevel gekregen: breng ze naar Poerwokerto. Ze vonden dat het hun plicht was, want Soekarno had het hun opgedragen. En Soekarno was toch de vrijheidsstrijder, dat was hun held. Dus zij wisten: nee, dat kunnen we niet. Pak [meneer] Soekarno heeft ons bevel gegeven om die mensen naar Poerwokerto te brengen.

Op een gegeven moment liep er langs ons raam een Indonesiër. Hij zag mijn vader en groette hem hartelijk: 'Dag, meneer Oelsnitz. Hoe komt u hier. Dat ik u weer zie na zoveel jaar.' Hij wou een praatje beginnen. Mijn vader glimlachte maar een beetje zuur. En opeens had die man in de gaten dat er zo'n wachter was met die *bambu runcing* [bamboespeer]. Nou, hij schrok zich wild. Hij er vandoor. Dat was een ex-werknemer van mijn vader.

Nou, eindelijk kregen we toestemming om door te gaan. En toen kwamen we in Poerwokerto aan. Daar zouden we dus in het kamp opgesloten worden, in een voormalige katholieke school, tevens nonnenklooster. Maar in de Japanse tijd was dat het Kenpeitai-kamp [kamp van de Japanse militaire politie]. Dus daar waren ook heel erg veel martelingen geweest. En er waren mannen bij ons, die in dat kamp geweest zijn. Die ook gemarteld zijn geweest en die ze nou weer te pakken hadden, maar dan onder de Indonesiërs.

IDRUS

Surabaja, 1945

Op 17 augustus 1945 werd de Indonesische onafhankelijkheid uitgeroepen. Dat wilde echter niet zeggen dat het land ook al onafhankelijk was. De Japanse bezetters waren nog aanwezig. Nederland wilde dat de situatie zoals die was voor het uitbreken van de Tweede Wereldoorlog zou worden hersteld. Britse geallieerde troepen arriveerden in Indonesië om het gezag van de Japanners over te nemen. Eind oktober 1945 vielen zij Surabaja aan, maar zwaarbewapende Indonesiërs probeerden de stad te verdedigen. Tegen hevige luchtbombardementen en beschietingen vanaf marineschepen waren zij echter kansloos. De Slag om Surabaja kostte vele duizenden Indonesische strijders en burgers het leven. Kort na de slag, in 1946, publiceerde de schrijver Idrus (1921-1979) een aangrijpend verhaal over de gebeurtenissen. In het volgende fragment daaruit staan de gruwelijke ervaringen van vluchtelingen uit de stad centraal.

De wegen buiten de stad waren vol mensen, het meest vrouwen. Ze zagen er vermoeid en afgetobt uit van het lange lopen. Achter hen lieten ze rook, brand, cowboys en bandieten, en al wat ze liefhadden: hun mannen, hun afgebrande huizen, hun Europese kippen, hun kinderen en hun staalbuisbedden. Onder het lopen huilden ze als kleine kinderen, zuchtten en enkele vrouwen baarden kinderen. De moeders die hiermee verrast werden, voelden zich als door een ongeluk getroffen. Ze kreunden van de pijn aan de kant van de weg en in haar harten vervloekten ze God. Niet één van haar verlangde naar een kind op dit tijdstip. Met haar gezwollen buiken vluchtten ze uit de dood en onderweg krompen haar buiken plotseling in en het gekrijs van de babies werd hoorbaar. Er waren er niet velen die zich het lot van deze moeders aantrokken. Men sleepte zich slechts met voeten als lood naar wat nog het voornaamste doel van het leven uitmaakte: een andere stad die veilig zou zijn, een huis waarin men zou kunnen logeren. De hitte blakerde alles: de bladeren, de ruggen der mensen en hun kelen. De bladeren keerden zich tegen de warmte om, maar de mensen deden niets. Ze liepen almaar zwijgend door, ieder in eigen gedachten verzonken.

Een oude vrouw verloor haar zinnen. Zij had eigenlijk niet willen vluchten. Ze wilde in de brandende stad in haar mooie huis blijven, dicht bij het Erres-radiotoestel van haar schoonzoon, dicht bij haar kast waarin zij haar gouden sieraden bewaarde. Telkens zei ze bij zichzelf:

Ik wil niet vluchten. Laat mij sterven met mijn rijkdommen.

Maar toen een bom dicht bij haar huis viel, vluchtte zij naar buiten; zij vluchtte zo snel ze kon en werd door de stroom van mensen meegesleurd, de stad uit. Ze was toen eigenlijk al niet normaal meer; ze bewoog zich als in een droom, onbewust van zichzelf. Met een blijde glimlach op de lippen liep zij met de anderen mee. Aan haar wiegelen en pasjes leek het alsof zij op weg was naar een feest. Zij glimlachte voortdurend en praatte tegen wie naast haar liepen. Allerlei vragen stelde zij:

Mevrouw, kent u de vrouw van dokter Mustafa? O, zij is heel aardig, erg vriendelijk. Maar haar zwak is dat zij er van houdt om slechte dingen over anderen te vertellen. Wie is uw man, mevrouw? Pas goed op uw man. Zelden is er een man die nooit naar slechte vrouwen gaat. Dit is mijn ondervinding. Wat is het merk van uw radio, mevrouw?

De oude vrouw verbaasde zich er helemaal niet over dat zij geen antwoord ontving van de vrouw die naast haar liep. Maar toen een oude man riep: Wij zijn dicht bij Krian, – stond zij plotseling stil. Zij wreef met haar handen over haar voorhoofd als iemand die zich op iets bezint en brak ineens in huilen uit en schreeuwde:

Mijn bezittingen, mijn huis, mijn radio!

Zij liep hard heen en weer en schreeuwde vreselijk. Zij verscheurde haar baadje, haar onderlijfje, rukte haar sarong af en als een Eva liep ze hard in de richting van Surabaja om haar bezittingen en haar Erres-radio te gaan koesteren.

In de lucht boven de hoofden der vluchtelingen, verschenen dikwijls zilverwitte vogels. Deze vogels zoemden en lieten in hun vlucht hun drek vallen: mitrailleurkogels. De vluchtelingen doken vlug in de greppels weg. Zij waren voor die witte vogels zo benauwd als een hond voor een opgeheven steen. Hun drek doorboorde de lichamen van de vluchtelingen en liet er brandgaten in achter. Daarna verdwenen de vogels weer als doodsengelen die hun opdracht hadden uitgevoerd.

De oude man die zoëven uitriep dat Krian al dichtbij was, kreeg een schot in zijn rechterhand. Hij kreunde van pijn en smeekte de andere vluchtelingen om hulp en medelijden. Maar toen enkele vrouwen bij hem kwamen om te helpen, begonnen zij te schateren. Ze riepen luid naar de anderen, terwijl ze op de kreunende man wezen:

Kijk, hij is niet oud, het is nog een jongen!

En zodra ze dit hadden uitgeroepen, vlogen ze aan op de man die niet oud was: zij trokken zijn jas, zijn vals haar en zijn valse snor van hem af en riepen nog eens:

Kijk! Kijk!

De hitte was op haar hoogtepunt en boorde met brandende stralen door de huid en drong in de hoofden der mensen. Ze ontstaken in woede als getergde tijgers. Ze schreeuwden:

Schurk! Lafaard! De andere jongens wagen hun leven. En jij gaat als een wijf op de vlucht.

Plotseling hoorde men een kreet boven de andere kreten: Sla hem dood! Enkele vrouwen kwamen grote stenen aandragen en lieten die vallen op het hoofd van de jongeling. Deze hief een lang en laatst gejammer aan. De vluchtelingen vervolgden hun reis naar een veilige stad.

Er kwam een bekend journalist uit Djakarta. Hij wilde de toestand van de vluchtelingen met eigen ogen aanschouwen. Hij was smal van borst en van billen. Ieder die hem zag was er van overtuigd dat deze journalist nooit aan sport en veel aan onanie deed. Maar zijn vernuft was scherp en enigszins uit de hoogte vroeg hij aan een dokter:

Hoeveel vluchtelingen zijn onderweg als slachtoffer van de geallieerde beschietingen gevallen?

De druk bezige dokter werd boos, omdat hij gestoord werd en antwoordde:

In ben geen kantoor voor statistieken! Tel ze zelf maar!

De journalist voelde zich in zijn wiek geschoten en om deze bittere pil die hij slikken moest te vergeten, wendde hij zijn blik naar de lieve vrouwelijke vluchtelingen. Hij zei bij zichzelf:

Je hebt hier volop gelegenheid. Echt een paradijs.

Maar toen hij weer in Djakarta terug was, vergat hij de lieve gezichten. Hij hoorde weer de scherpe woorden van de dokter en zonder het te weten schreef hij in zijn blad:

De verpleging van de vluchtelingen is heel slecht. Vele doktors zijn zich hun taak in de tegenwoordige strijd nog niet bewust.

In Krian brachten de vluchtelingen de nacht door. Er was niet voldoende logiesgelegenheid. De meesten van hen sliepen op het perron van het station als houtblokken of als cijfertjes vijf. Midden in de nacht droomden zij hardop. Ze droomden over allerlei moois en heerlijks. Een jonge vrouw zuchtte tevreden in haar droom en zei hardop:

Pas op, straks zien de anderen het nog.

In een hoek zat een vrouw. Zij kon niet slapen. Op haar arm hield zij een pakje. Dat pakje schommelde zij regelmatig heen en weer, terwijl ze er zachtjes een kinderliedje bij zong. Toen ze van het zingen moe werd, sprak ze tegen het pakje:

Melk drinken, kind?

Ze maakte de melkfles met haar rechterhand open, maar toen ze de mond van de fles naar het pakje richtte, schrok ze. Alles wat ze in haar handen hield, viel neer op de vloer: de melkfles en een rolkussentje. Lang keek de vrouw naar het rolkussen op het perron. Daarna slaakte zij een gil en weende snikkend:

Mijn kind! mijn kind!

De mensen die dicht bij de hoek sliepen, schrokken wakker door de kreet, maar de vrouw was reeds in de duisternis buiten het station verdwenen. De ontwaakte mensen staarden naar de gebroken melkfles en naar het rolkussen op het

perron. Ze verbaasden zich en vroegen zich af:
 Wie heeft er gegild? Ah, mogelijk het rolkussen en de melkfles!
 En zij sliepen vast weer in...

D.N. AIDIT
De executie van Amir Sjarifuddin en zijn kameraden, 1948

In 1948 stegen de interne politieke spanningen in de na de Eerste Politionele Actie op Java tot Midden-Java teruggedrongen Republik Indonesia, tot een kookpunt. In september 1948 riep de Partai Komunis Indonesia (PKI) in Madiun een eigen regering uit, wat het begin was van de Madiunopstand, Madiunaffaire of Madiunprovocatie. De regering in Jogjakarta reageerde prompt en liet het leger optrekken tegen de communisten. Madiun werd binnen twee weken heroverd. Pas begin december, na een guerrillastrijd, was het pleit beslecht en waren vrijwel alle PKI-leiders gevangen of gedood. Toen Nederland op 18 december opnieuw de aanval inzette op de Republik, werden in de verwarring die daarop volgde lokaal geheel verschillende besluiten genomen over de duizenden PKI-arrestanten. Het overgrote deel werd vrijgelaten of kon vluchten; op enkele plaatsen vonden massa-executies plaats. De bekendste daarvan trof Amir Sjarifuddin, van 1945 tot begin 1948 minister en premier, en tien prominente partijgenoten. Het verslag hierover uit 1955 is van D.N. Aidit, PKI-voorzitter, die wegens belediging van vice-president Hatta in verband met de Madiunaffaire was aangeklaagd. Het is het enige bekende verslag van deze dramatische gebeurtenis – waarvan met recht kan worden gezegd dat de revolutie hier zijn eigen kinderen verslond. Aidit geeft geen bron aan, maar een ander dan een betrokken militair lijkt het niet te kunnen zijn geweest.

Geachte voorzitter van de rechtbank.

Over de gebeurtenissen in Ngalijan. Ngalijan is een dorp in de gemeente Lalung, district Karanganjar, in de residentie Surakarta. Het was 19 december 1948 laat in de avond. De grafkuil die voor mr. Amir Sjarifuddin en zijn tien kameraden op bevel van het leger door zo'n twintig dorpsbewoners werd gegraven was nog niet klaar. Volgens dat bevel zou de kuil die elf lichamen moest bevatten ongeveer één meter zeventig diep worden.

Op dat moment droeg kameraad Amir Sjarifuddin een blauwgestreepte pyama, een groene lange broek en hij had een sarong met iets daarin gerold bij zich; kameraad Maruto Darusman droeg een bruine jas en een witte lange broek; kameraad Suripno had een shirt aan en een sarong; kameraad Oey Gee Hwat droeg een witte broek, een wit overhemd en een vuile witte jas; de andere kameraden waren Sardjono, Harjono, Sukarno, Djokosujono, Katamhadi, Ronomarsono en D. Mangku.

Tijdens het wachten totdat de grafkuil gereed was vroeg kameraad Amir Sjarifuddin een aanwezige TNI-kapitein: 'Wat gaat er met me gebeuren?' De kapitein antwoordde: 'Ik ben militair, en volg bevelen en discipline'.

Toen de grafkuil gereed was, werden de dorpelingen weggestuurd. Vier bleven om de kuil weer te vullen.

Daarna verklaarde een luitenant dat er een schriftelijk bevel van militair gouverneur Kolonel Gatot Soebroto was tot executie van deze elf mannen.

Amir vroeg vervolgens onder meer: 'Wilt u dit echt mij en mijn kameraden aandoen?'

De luitenant antwoordde: 'Ik volg slechts een bevel'.

Amir vroeg opnieuw: 'Hebt u hier wel grondig over nagedacht?'

De luitenant: 'Het is onnodig hier nog over te spreken'.

Kameraad Djokosujono kwam er tussen: 'Ik wil je niet de schuld geven, maar ons land zal hiervan schade ondervinden'.

Executie van een groep Indonesische communisten
op Midden-Java, 1948

De luitenant gaf zijn manschappen bevel hun geweren te laden.

Kameraad Amir liep naar de luitenant, hij gleed daarbij lichtelijk uit, hij klopte de luitenant op de rug en zei: 'Geef ons tijd om even te zingen'.

De luitenant antwoordde: 'Goed, maar schiet op'.

Kameraad Soeripno vroeg toen: 'Mag ik een brief sturen aan mijn vrouw, zodat zij op de hoogte is'.

De luitenant: 'Ja, geen bezwaar'.

Daarna schreven de kameraden brieven. Hierna werden deze een voor een toevertrouwd aan de luitenant. Vervolgens zongen de elf mannen samen het volkslied 'Indonesia Raja' en 'De Internationale'. Toen ze uitgezongen waren riep kameraad Amir: 'Arbeiders van de hele wereld, verenigt u! Ik sterf voor jullie!'

Kameraad Soeripno: 'Ik verdedig jullie met mijn lichaam; ik ben er voor jullie'.

Daarna werden deze elf heldhaftige mannen een voor een doodgeschoten, eerst kameraad Amir Sjarifuddin, toen kameraad Maroeto Daroesman, Oei Gee Hwat, Djokosujono en zo verder.

Tot op de dag van vandaag hebben noch de Communistische Partij noch de familieleden van de vermoorden enig bericht over het proces verbaal of het vonnis geveld over de elf patriotten ontvangen. De enige officiële brief, hoewel niet gericht aan de individuele families van de slachtoffers, is een brief van het hoofd van politie van de residentie Surakarta van 20 september 1950, ondertekend door de adjunct-commissaris, Sempu Muljono, met de mededeling dat inderdaad op zondag 19 december 1948 om half twaalf de regering volgens militair recht de elf personen had veroordeeld. Hoe die procedure volgens militair recht in zijn werk was gegaan werd in het geheel niet toegelicht.

Moorddadige natuur

ANTÓNIO GALVÃO
Verwoestende epidemie op de Molukken, 1534

De vroege avonturiers die scheep gingen naar de Oost stelden zich bloot aan velerlei risico's. Ze mochten in veel gevallen al blij zijn als ze de maandenlange reis zonder al te veel lichamelijke schade doorstonden. Aangekomen in Azië stonden ze dan bloot aan allerlei tropische gevaren, waaronder dodelijke ziektes. Niet alleen zij konden daarvan het slachtoffer worden, maar vanzelfsprekend ook de inheemse bevolking. In een van de eerste verslagen die zijn overgeleverd doet de gouverneur van Ternate, António Galvão, verslag van een met regelmaat terugkerende epidemische ziekte in de Molukse archipel.

Iedereen zegt, dat er in de Indias om de zeven jaar een ziekte uitbreekt, even besmettelijk als de pest. Als dat pas na veertien jaar gebeurt, is het veel erger en besmettelijker. Maar in de Molukken herinnert men zich niets zo erg als wat omstreeks het jaar 1534 gebeurde, toen met de Oostmoesson in Banda een ziekte als de pest binnenkwam. Die veroorzaakte zulk onmatig overgeven en diarree, dat men het deed zonder het te merken. En de zieken hadden het beurtelings koud en hoge koorts zoals bij malaria, met pleuris en gevolgd door uitputting. Niemand bleef gespaard en ze stierven binnen acht of negen dagen, sommigen minder. En hoe jonger en gezonder ze waren, des te sneller gingen ze. Allen schreeuwden het uit van de pijn in hun maag en borst. Als ze aten, liepen ze gevaar te stikken, ze zwollen op en hoestten en gaven veel slijm op, en sommigen kregen een uitslag, die op mazelen leek. Dit laatste kwam het meest bij kinderen voor, die zich daarna wat beter voelden. Aderlaten schijnt de Portugezen wat verlichting te hebben gegeven. Die er doorheen kwamen, kregen het twee, drie of vier keer terug; dat duurde minstens tien tot twaalf maanden.

In Ternate en dit hele gebied werd tegen het eind van
April in het jaar 1539 in het westen een ster zichtbaar met
vele enorme stralen, als een natuurlijke toorts, zoals die in
Portugal te zien was tijdens de aardbeving van 1531. De ster
bleef in Mei en Juni. Met de zuidenwind kwam de ziekte in
Batjan en verspreidde zich weldra over alle eilanden. Het
begon bij de kippen. Op een ochtend waren er van António
Galvão [de auteur] vijftig of zestig dood, die tevoren gezond
en vet opgroeiden. Daarna werden meer dan honderdtien
bedienden en slaven ziek. Niemand ontkwam eraan en de
meesten stierven, uitgezonderd de Portugezen en hun kinderen. En dit euvel was zo algemeen in het land, dat ze de
lijken niet konden begraven en de zee er vol mee was en
veel nederzettingen ontvolkt waren. En mannen en vrouwen
hadden zulke afgrijselijke nachtmerries, dat ze als wezenloos
rondliepen, en zeiden dat ze nog nooit zulke dingen gezien
hadden of er hun voorzaten over hadden horen spreken.

JOHANN SIGMUND WURFFBAIN
Reuzenslang op de vulkaan Gunung Api, 1638

*De slang. Klein of groot, giftig of niet, sinds mensenheugenis heeft
dit schepsel de mensheid een diepgewortelde angst ingeboezemd.
Niet helemaal ten onrechte overigens. Dat wordt nog eens geïllustreerd in het navolgend verslag van de Duitse VOC-dienaar
Johann Sigmund Wurffbain. Hij beschreef in zijn memoires een
wel zeer noodlottige ontmoeting met een slang van fabelachtige
afmetingen op de vulkaan Gunung Api in de Banda-archipel.*

Onder de andere en wel onvruchtbare eilanden die bij de
Banda-archipel horen is het voornaamste Gunung Api,
waarvan de onvruchtbaarheid is toe te schrijven aan de

daarop staande, steeds brandende berg en de zwavelige grond. Daarom is het eiland ook niet bewoond en slechts aan één kant beplant met wat tabak en tuingewassen. De andere kant is helemaal steen- en rotsachtig. Er is nog geen opkomend grassprietje te vinden. Desalniettemin is de berg zelf door de natuur rijkelijk voorzien van grote wilde bomen en veel gras. Nadat hij zeventien jaar lang hevig gerookt had, is hij in het jaar 1615 van boven uit elkaar gesprongen, waarop hij met gruwelijk geweld vele vlammen en enorme stenen heeft uitgeworpen. Ook onze schepen, die bij het kasteel Nassau (op het eiland Neira, op slechts twee musketschoten daarvandaan) voor anker lagen, liepen zeer groot gevaar en werden met grote hoeveelheden as gevuld. Heden ten dage wordt daar nog veel rook gezien, en vaak ook veel vurige vlammen.

Verbazingwekkend is dat op die juist genoemde berg in het jaar 1638 een zeer grote slang van ongeveer vierentwintig voet lang, evenwel niet vergiftig, een daar in haar tuin werkende slavin heeft aangevallen en overweldigd en haar langzaam geheel en al, met haar kleren aan, naar binnen heeft gezogen en opgeslokt. Haar metgezellen trokken uit angst onmiddellijk naar hun heer op het eiland Banda. Toen deze na verloop van drie of vier uur met nog drie andere Nederlanders en ettelijke slaven daar naar toe was gegaan, troffen zij die slang daar nog aan, omdat hij zich vanwege zijn zware gewicht niet op zijn buik kon voortkronkelen. Met een musketkogel werd hij in zijn kop verwond en gedood. Daarop werd hij direct opengesneden. Ze vonden de slavin. Hoewel al dood, was zij niet aangevreten, maar alleen hier en daar aan haar ledematen gewond. Zij werd uit het kadaver getrokken en begraven.

G.E. RUMPHIUS
De schrickelijke aerdbevinge, 1674

Ambon was, en is, niet onbekend met natuurrampen. Aardbevingen, zowel lichte als zware, troffen het eiland met enige regelmaat. Op 17 februari 1674 was het de beurt aan een zeer zware die, mede vanwege de enorme vloedgolven die hij veroorzaakte, duizenden slachtoffers eiste. De geleerde G.E. Rumphius was ooggetuige – een niet helemaal toepasselijke term, aangezien hij sinds 1670 blind was – van de ramp waarbij ook zijn eigen vrouw het leven liet. In een pamflet dat een jaar later verscheen beschrijft hij de gruwelijke gebeurtenissen in die fatale dagen.

De aerdbevingh en onderaerdse rommelingen overviel op den 17 Februarij 1674 des Saturdaghs avondts tussen half acht uyren, bij schoon maenlicht en stil weder, sonder eenigh voorgaend gedruys dese gansche provintie met soodanige schuddinge, dat veele niet anders dochten of den grooten dagh des Heeren was op handen. De klocken in en aen 't hooft casteel Victoria op Leytimor luyden van selfs en de luyden bij een te praten staande vielen teghen malkander aen en omveer, soo geweldig gingh het landt als met zeebaeren op en neder. 75 Chinese steene pedacken of wooningtjes en noch een groot huys mede van steen plotsten ter neder en wierden tot puynhopen waer mede 79 menschen en daer onder de huysvrouw van den koopman G.E. Rumphius [de auteur], nevens haer jonghste dochter, met de weduwe van den secretaris Johannes Bastinck en 4 Europianen omquamen en 35 aen hooft, lenden, armen en beenen swaerlijck gequetst raeckten; want hier was groten toeloop van volck, vermits de Sinesen met hare gewoone heydense spelen besigh waren hun nieuwe-jaer te vieren.

Het water swol omtrent de hooghte van 4 à 5 voeten en diverse diepe water-putten wierden soo vol, dat men met de handt water scheppen konde en een ommesien daer naer wierdense wederom leegh. De wal be-oosten de rivier Waytomme gescheurt wesende sprongh 't water als een fonteyn daer door, wel omtrent 18 à 20 voeten hoogh, met opwerpinge van blaeuw modderachtigh sant, hoedanigh niet gelooft wert dat men soude vinden al groef men tot de diepte van 2 à 3 vademen.

Dien gehelen nacht continueerden de felle schuddingen, dat men niet een half uyr rust hadde, doch meest gaf het sulke stooten van onderen op als of men met groote balcken tegen onse voeten aenstiet. Men konde bescheydelijck, die wat naue luysteren wilde, het water onder de aerde hooren rammelen. Wonderlijcke behoudenissen en teeckenen van Godes voorschickingh bleecken hier. Want een Sinees kind van omtrent een maendt oudt, noch drie dagen na d'aerdbevingh in 't opgraven levendigh aen de borst van de versmoorde moeder gevonden en gesalveert wierdt.

Het steene huys aen den Oliphant, tot een wasch huys dienende, is mede geheel omgeworpen en tot puynhoop geworden, sonder dat onder desen allen (Godt danck) niet meer als een mensch, wesende een vrouw (om overspel in 't tuchthuys bescheyden) omgekomen. Ja selfs ook niemant beseert is dan alleenlijck het dochtertje van den heer Gouverneur, 't welck een gat ter zijden in 't voorhooft penetrerende tot op 't cranium bekomen hadt.

In 't Leytimorse gebergthe, soo als men een wijl na dit voorval vernomen heeft, is d'aerdbevinge mede seer sterck gevoelt, hebben op Nacau 7 huysen om veer gesmeten en diverse groote steenen van boven 't gebergthe passerende eenige luyden doch sonder schade doen rollen. Onder andere viel een clappus-boom tusschen een man die met sijn vrouw en twee kinderen sat te eeten, vermorselende de spijs, sonder andere schade te doen als dat de vrouw aen de heup wat beseert raeckte.

Seecker slaef, Christen zijnde, genaemt Simon Ofko van Goa, lijf eygen van d'edele compagnie doch bey den koster bescheyden (van wien hy gelast was de plaetse des gebedts in de groote zael des casteels te gaan bereyden om keerssen op te steken) verklaerde met groote verbaastheyt omtrent een uyr voor d'aerdbevingh in de selve zael gesien te hebben op de predick-stoel staen een persoon wit van aensicht en handen, hebbende de front landelijck, of na 't zuidoosten gekeert, een boeck als een quartijn in de lincker, en een witte brandende kaers in de rechter handt, nevens het selve boeck houdende, even als of hy las, aenhebbende lange swarte kleederen die over de boorden van de stoel nederwaerts afhingen, met een kroon van doornen op 't hooft, welcke doornen yeder ongeveer een halve vinger langh en doncker lasuirachtigh van coleur waren. Doch wat hier af sy, sullen wy 't oordeel van den leser bevolen laten.

Ter kuste van Hitoe waren kort voor 't aerdbeven in de lucht gesien twee streecken van omtrent een half el breedt die even als een huys gespant tegen malkander opstonden, van Loehoe tot Ceyt of zuid en noord streckende en was daer op (ten selven tyde als hier) d'aerdbevingh alsoo hart als aen 't casteel vernomen en kort daer op vervolght geweest van een schrickelijcken zee-berg die met groot gedruys opquam. Welckers bergh, gelijck men naderhandt van geloofwaerdige lieden verstaen heeft omtrent Out-Lebalehu uyt den gront sijn oorspronck genomen hebbende een klaps en styl opgereesen, weynigh zeewaerd gelopen zijnde sich in 3 deelen, namentlijck 2 over 't landt en de derde 't zee verspreyde, wegh nemende als de boomen, huysen en menschen daer 't maer by quam.

Op Orien hebbense mede, gelijck op andere plaetsen van Hitou een schrickelijck geraas in de lucht gehoort, als of men met karossen tegen malkander renden. Daer op volghden het oploopen van 't water en als het selve weder afliep sagh men de grond Nussatello warts soo ver bloot als of de zee geheel wegh geloopen was. Doch 't water kwam niet binnen, maar wel rondom de Baricade. Dit is remarquabel dat seeckere vrouw genaemt Mina van Houanohel door een soldaet van Ceyt naar Hila voerende gevist was, dewelcke verhaelde hoe sy met haer kindje, omtrent 4 maanden oudt, door de watervloedingh zee getrocken sijnde een balck vast gekregen hadt, waerop omtrent middernacht mede een slangh quam die haer en haer kint omvingh. Doch welcke sy eenighe malen sachtelijck van haer stiet tot dat gemelde slangh sich om 't hout selfs vast slingerde en daer aen bleef tot dat sy en 't kint geberght was.

Op Ceyt was 't water aende redouts vensters opgeklommen. Den sergeant en andere compagnies dienaren leden hier groote schade aen hare familien, maar wel voornamentlijck d'inlanders dewyl d'negoryen Ceyt, Lebelehu en Wassela geheel en van Layu 6 huysen wegh gespoeld sijn met verlies van 619 menschen, behalven seer veel swaer gequeste waer onder 29 van Hautoena die om een vermaeckje in de wegh genoemd negorien [dorpen] gegaen waren met eenige opper-hoofden en outsten der selve. Andersins bleef deselve negory Hautoena wat hooger op als d'andere leggende onbeschadigt. Werdt geseght dat veele der verongeluckte op 't gevoel van d'aerdbevinge, denckende het den jongsten dagh was, in de missigid [moskee] vluchtende en haer tot bidden begaven en datse soo met haer missigido of Moorschen tempel en al door d'zee wegh getrocken wierden. Vier dagen na dit geschiedt was wiert men 's nachts omtrent 11 uyren wederom swaere aerdtbevingh gewaer en volghde daerop een soo fellen gefluyt langhs eene der schilderhuysen [wachthuisjes] dat het in yders ooren schaterde, 't geen men daar voor een duyvels fluyt hielt, want niemant van al de wachthouders, die seer bevreest waren, sulx gedaen hadt. Doch andere houden 't daer voor dat een onder aerdtsen damp uytbreeckende geen opening genoegh gehadt en al sulx dit geluyt veroorsaeckt sal hebben. Een kindt uyt de negory Wassela, maer 7 dagen out, wierdt 3 dagen na d'aerdbeving in een tack van een sagou boom noch levent ghevonden, hoewel de moeder verdroncken was.

R.J.L. KUSSENDRAGER
Het gebrul van de tijger, 1824

De natuur, de Gordel van Smaragd dankt zijn naam eraan en de bewoners plukken de weelderige vruchten die door haar worden voortgebracht. Diezelfde natuur echter heeft ook regelmatig haar dodelijke gezicht getoond in de vorm van rampen, epidemieën, aardbevingen en de mens vijandige dieren. Evenals de al eerder ten sprake gekomen slang, spreken de krokodil en de tijger zeer tot de verbeelding. Voor vele Indonesiërs belichamen zij het dubbele gezicht van de natuur: vaak zien zij in deze wilde dieren de geest van hun voorouders tot leven komen, en tegelijkertijd zijn zij het sterkste symbool van de levensbedreigende krachten van de natuur. Die bedreigingen kunnen op ieder moment levende werkelijkheid worden, zoals uit de volgende tekst blijkt.

Op den 26 September 1824 werd een karbouwwachter in het regentschap Sumadang, die tegen den avond zijne kudde naar de weide dreef, juist bij 't verlaten van den grooten weg door een' tijger besprongen, die hem met den eenen klauw in de lende greep, waarin de scherpe nagels eene diepe wonde reten. De inlander, die gelukkigerwijze zijne tegenwoordigheid van geest behield, had nog kracht genoeg, om zich om te wenden, waarop de tijger hem zijnen anderen klauw in den hals sloeg en hem ter aarde rukte. Een akelige dood ware nu onvermijdelijk des armen mans lot geweest, zoo deze in een' zijner buffels niet een wakkeren bondgenoot had gevonden. Dit nuttig en moedig dier, dat zich tegen de moorddadige aanvallen des tijgers meermalen met vrucht verdedigt en dien niet zelden schuw doet afdeinzen, stormde met gebukten kop op het grimmig roofdier in. De tijger nogtans liet zijne prooi niet los, maar zocht, na 't ontvangen van eenige heftige stooten, des buffels verdere aanvallen door vlugge wendingen te ontwijken. Het vertoornde beest bleef hem echter onophoudelijk bestoken en belette alzoo, dat hij den ongelukkige, die onder zijne klaauwen van doodsangst wegkromp, nog verdere doodelijke wonden toebragt.

Het gebrul des tijgers, het kermen van zijn slagtoffer en het dof geloei van den woedenden buffel hadden intusschen onderscheidene personen opmerkzaam gemaakt, die spoedig gezamenlijk en onder luid getier op de plaats kwamen toeschieten, waar de grimmige worsteling nog altijd voortduurde. De tijger liet zijne prooi nu dadelijk varen en nam de wijk, en werd op zijne vlugt in eene rigting voortgedreven, waar diepe vangkuilen gedolven waren, in een waarvan hij neerstortte en gevangen werd. In zegepraal naar de hoofdnegorij vervoerd, werd hij vervolgens in eene omheinde plaats tegen een buffel losgelaten, in welken nieuwen strijd hij onder het gejuich van duizenden van aanschouwers andermaal het onderspit dolf en eindelijk het leven liet.

De karbouwwachter had vreesselijke wonden bekomen; de linkerzijde was hem tot op de ribben opgescheurd en zijn hals aan de regterzijde tot op de spieren ontvleescht. Niettemin had men het geluk, hem spoedig weder hersteld te zien.

Omtrent denzelfden tijd werd ook het land Tjipoetrie gedurig door een tijger bezocht, tot eindelijk een jongeling van 14 jaren het besluit opvatte, om met eenige makkers op het gevaarlijk dier jagt te maken. Met *golloks* (kapmessen of houwers) en krissen gewapend, begaven de jeugdige helden zich naar de plaats, waar zij vermoedden, dat de tijger zich moest ophouden, en hieven een luid geschreeuw aan, om hem uit zijne schuilplaats op te jagen. Eensklaps kwam deze dan ook te voorschijn, greep den aanvoerder der kleine bende aan en wierp hem op den grond, terwijl diens makkers verschrikt uiteenstoven en op eenigen afstand om hulp bleven schreeuwen. De moedige knaap, die door zijn bespringer met de tanden in de dij was gepakt, verloor intusschen zijne bezinning niet. Daar hij zijn wapen nog in de hand had, beukte hij het ondier daarmede onophoudelijk

'door een' tijger besprongen, die hem met eenen klauw in de lende greep'

op den kop, doch kon in zijne liggende houding geen kracht genoeg uitoefenen, om het doodelijk te treffen. In dezen wanhopigen toestand schreeuwde hij zijnen makkers toe, hem eene kris toe te werpen, ten einde die het monster door de ribben te kunnen jagen, maar vruchteloos, daar niemand hunner den moed had, om aan dat verzoek te voldoen. Kort daarna kwamen echter eenige gewapende mannen toesnellen, waaronder een Amboinesche policiedienaar en een inlandsche ambtenaar uit dien omtrek, welke laatste een gunstig oogenblik waarnam, om den tijger, die zijne prooi niet losliet, zonder deze te treffen, een wissen kogel door den rechterschouder in de borst te jagen. Het dier sprong thans met een vreesselijk gebrul op en trachtte te ontkomen, toen een tweede schot van den Amboinees het ontzield op den grond deed neertuimelen. De geredde knaap werd met de meeste zorgvuldigheid naar Tjanjoor vervoerd, vanwaar hij na eenige maanden weder geheel genezen terugkeerde.

In den vroegen morgen van den 4 Maart 1825 werd eene bewoonster van de dessa Singa-Redjo, distrikt Liembangan, regentschap Kendal, de weduwe Biang-Rasit, met haar vijfjarig kind en eene vriendin, Biang-Kaijman, die, ook met een dochtertje bij zich, den nacht bij haar doorbragt, eensklaps uit haren gerusten slaap wakker geschrikt door 't gebrul eens tijgers, die, op het ligte dak der hut gesprongen, met kop en klauwen door dat zwakke beschutsel eene opening zocht te breken. Men verbeelde zich den toestand der arme vrouwen, die, half naakt van hare legerstede opgesprongen, wanhopig de handen wrongen en weerloos, zonder beschermer, niets hadden, om den geduchten vijand, wiens vurige oogen zij reeds boven hare hoofden zagen vonkelen, te keer te gaan. In het naaste oogenblik was deze echter reeds in de hut doorgedrongen, had zich op Biang-Rasit geworpen en blies deze, vreesselijk geteisterd, onder zijne klaauwen den adem uit. Zonder in hare vertwijfeling aan de verlatene kleinen te denken, maakte de andere vrouw zich dit oogenblik ten nutte, om de deur te openen en zoo te ontvlugten; doch naauwelijks was zij buiten, of het noodgeschrei van haar kind drong tot het oor der moeder door, verdoofde haren angst en dreef haar onweerstaanbaar aan, terug te keeren en, al ware het ten koste van haar eigen leven, dat der kinderen te redden. Door haar moederlijk gevoel gesterkt, wilde zij de hut weder instormen; doch werd reeds bij den ingang door den tijger ontvangen, die haar grimmig aanvloog, haar den arm en de zijde diep openreet en haar daarop, denkelijk wijl hij verzadigd was, in haar bloed wentelende liet liggen.

Toen de ongelukkige vrouw na eenigen tijd tot haar bewustzijn terugkeerde en jammerend om hulp kreet, kwamen eenige naburen en onder hen ook het dorpshoofd op de hut aansnellen, om getuigen van een akelig tooneel te zijn. De bezitster der zelve, Biang-Rasit, lag nevens haar kind verscheurd op den grond; het dochtertje van Biang-Kaijman ademde nog, doch had eene zware wonde bekomen, en deze laatste zelve was zoodanig door het wreede roofdier geteisterd, dat alle pogingen, om haar in het leven te behouden, zonder gevolg bleven en zij nog denzelfden avond bezweek. Schoon de gansche bevolking der dessa zich opmaakte, om op den moordenaar wraak te nemen, liep deze jagt vruchteloos af en liet de tijger verder geen spoor van zich ontdekken.

A. COPIJN, JULIUS E. MULLER, C. HOEKSTRA
Een rampzalig mislukte poging tot kolonisatie in Suriname, 1845

Het is de Nederlanders nooit gelukt van Suriname een 'volksplanting' te maken. Afrikanen, later ook Brits-Indiërs en Javanen, en hun nakomelingen maakten de grote meerderheid van de bevolking uit. Pogingen toch Europese kolonisten aan te trekken – anders dan als plantagehouders of overheidsdienaars – mislukten steeds weer.

De weinigen die hun geluk wel beproefden liepen een groot risico om voortijdig ten onder te gaan aan tropische ziekten. Dit was ook het lot van de helft van de 384 Hollandse kolonisten die in 1845 naar Suriname kwamen in de hoop daar te gaan boeren. In het verslag van dit debâcle klinkt ook kritiek door op de koloniale elite, die allerminst gecharmeerd was van het idee dat blanken er kwamen boeren, wat immers slavenwerk heette te zijn.

Het was den 21n juni van het jaar 1845 dat de 'Susanna Maria', en den volgenden dag, dat de 'Noord-Holland', twee Nederlandsche barken, in de Saramaccarivier tegenover Groningen het anker lieten vallen.

Reikhalzend hadden de ruim 200 passagiers, vijftig Noord- en Zuid-Hollandsche boerenfamiliën vormend, naar dat oogenblik uitgezien. Er was hun ook zooveel heerlijks voorgespiegeld van het oord, door de zorgen van het Gouvernement voor hunne ontvangst ongetwijfeld naar wensch in gereedheid gebracht, waar zij een schoone toekomst verbeidden. Ze waren er zeker van, dat ze een vruchtbaren bodem zouden vinden, die de bearbeiding loonen zou. Eenvoudige maar nette landhuizen, te midden van tropisch groen, aan den oever der prachtige Saramaccarivier, wachtten ongetwijfeld de nieuwe bewoners. In luchtig gebouwde stallen, waarvan ze zich nog geen denkbeelden konden vormen, hoopten ze het vee te vinden, hun van Gouvernementswege toegezegd. Er was alle reden de beste verwachtingen te koesteren.

De heeren Van den Brandhof, Betting en Copijn, predikanten te Elst bij Amerongen, Beets en Wilnis hadden in hun belang er voor geijverd, vier jaren lang. Geen moeite was dezen heeren teveel geweest, en toen ze op het door hen ontworpen kolonisatieplan de goedkeuring der Regeering verworven hadden, was eene Commissie van drie landbouwers onder leiding van den Heer Betting naar Suriname vertrokken, om in het nieuwe en rijke land eene vestigingsplaats uit te zoeken en het Gouvernement voor te lichten bij het in gereedheid brengen er van tot ontvangst der kolonisten. Dat ze naar wensch waren geslaagd leed allerminst twijfel, en in Suriname was men, zooals gezegd werd, hoogelijk met het plan ingenomen. Zelfs de naam van de landstreek, die hun ter bearbeiding zou worden aangewezen, scheen aan te duiden, hoe goed voor hen gezorgd was. 'Voorzorg' was ze genoemd en gelegen aan de Saramaccarivier tegenover Groningen.

Hoe buitengewoon voorspoedig de reis ook geweest was – na eene vaart van 31 dagen waren de barken reeds voor de monding der Surinamerivier – de passagiers waren het reizen op een schip, in eene betrekkelijk kleine ruimte, moede. Hoewel zonen en dochteren van eene zeevarende natie, gevoelden ze zich het best op het vaste land, waar de mannen gewoon waren de hand aan den ploeg te slaan en de vrouwen de boter te bereiden. Het waren flinke, vastberaden echtparen, die, op raad der genoemde predikanten en door dezen uitgekozen, met hunne kinderen den tocht over den grooten Oceaan van het land der natte kou naar de tropen hadden ondernomen.

Met goed vertrouwen naderden zij de Surinaamsche kust, en toen op de 'Susanna Maria' en de 'Noord Holland' het 'Land in 't zicht!' geroepen werd, heerschte er eene opgewektheid, eene opgewondenheid aan boord der beide schepen, die het beste beloofde. Met uitzondering van een ziekelijk kind, dat op zee overleden was, kwamen allen behouden aan, zoo gezond en levenslustig als maar gewenscht kon worden.

Toen de kapiteins de ankers lieten vallen bij Braamspunt met een: 'Welkom aan Suriname's kust!' klopte aller hart van blijde verrukking, maar ook van ongeduld om voet aan wal te zetten. Men wist evenwel, dat de vestigingsplaats niet aan de Suriname-, maar aan de Saramaccarivier lag en dat men nog ten hoogste een paar dagen te varen had. Slechts een paar dagen, want Zijner Majesteits wachtschip 'Sindoro', in de wateren van Suriname gestationeerd, zou de barken langs de kust rondom de groote modderbank naar Groningen slepen.

Dat was eene heerlijke gedachte, want de tropische hitte, voor 't eerst gevoeld, maakte hun het verblijf in de enge scheepsruimte, slecht geventileerd, onaangenaam. Doch ze hadden het er voor over. Een paar dagen lijden op zoo'n reis, dat was minder. Straks onder de wuivende palmen naast de landhuizen gezeten in de avondkoelte zou men, van al het schoone en nieuwe genietend, spoedig zijn uitgerust van de vermoeienis der reis.

Tot aller niet geringe teleurstelling kwam in plaats van de 'Sindoro' het bericht, dat het wachtschip naar elders was vertrokken, en dat de barken zelf maar hun weg te vervolgen hadden. Twee koloniale schoeners zouden echter met hen opvaren. Teleurstellend was dit, niet slechts omdat de reis nu zooveel langer duurde, maar ook en vooral omdat gefluisterd werd, dat ze opzettelijk in den steek gelaten werden. Hoe onbewezen het ook zijn mocht, het werkte bij de teleurstelling in niet geringe mate ontmoedigend.

Wat viel dit laatste gedeelte der reis lang en zwaar! In stede van twee dagen moesten de kolonisten tien dagen de hitte tusschendeks verduren. Het was niet om uit te houden, en de opgewektheid, die hen zoo gekenmerkt had, maakte meer en meer plaats voor ontstemming. Geen blij gejubel weerklonk dan ook langs de boorden der Saramaccarivier bij Groningen, toen de barken de plaats der bestemming bereikt hadden, maar, wat erger was, geen hartelijk welkom klonk van den oever aan de zijde van Voorzorg hun tegen. In het land der zonnewarmte werden ze ijzig koud ontvangen. Het ondenkbare, het ongelooflijke bleek werkelijkheid te zijn.

Hoort slechts, wat een ooggetuige, de Heer A. Copijn er van verhaalt: 'De morgen van 21 juni 1845 zal bij ieder, die den tocht met de 'Susanna Maria' heeft medegemaakt, immer in treurige herinnering blijven. En dit was de morgen, die met reikhalzend verlangen was tegemoet gezien! Toen het anker was gevallen hadden er aan boord van het schip ijzingwekkende toneelen plaats. Vrouwen en kinderen jammerden en schreiden, de mannen liepen bij den aanblik hunner bestemming als wanhopenden en woedenden over het dek. De meesten weigerden om van boord te gaan; eenigen, die nog geld bezaten, boden deze den gezagvoerder voor de terugreis aan.

De deelneming en beradenheid van den bestuurder bragt echter eenige bezadigde kolonisten tot het besluit, om zich van meer nabij te gaan overtuigen, of de grond Voorzorg doelmatig zou kunnen worden ingerigt. Gelukkig velden deze lieden een gunstig oordeel, en daarop had de ontscheping plaats. De kolonisten op de 'Noord-Holland', welk schip den volgenden dag aankwam, lieten zich, hoewel schoorvoetende, op het voorbeeld van de anderen aan wal brengen.

Er stonden te Voorzorg slechts 17 hutten, waarvan een negental afgewerkt en eenigszins bewoonbaar kon worden genoemd. Te Groningen waren drie gebouwen, overblijfselen der militaire Post, aanwezig, namelijk het kommandantshuis, een kleine kazerne en een magazijn. De aanleg van Voorzorg bepaalde zich tot eenige gedolven waterleidingen in zulk een gebrekkigen staat, dat men, bij de menigvuldige regens, in eenen togt naauwelijks de zeventien hutten kon bereiken. Tien passen achter de hutten, welke op één lijn langs de rivier, nog geen dertig voeten van elkander stonden, bevond men zich in digt gewassen kreupelhout (kappewerie). Geen voet gronds was bebouwd of productief gemaakt. Er waren alzoo geene levensmiddelen, dan die het magazijn zou opleveren, en door de schoener, de 'Beschermer', waren aangebracht, bestaande in vaten Amerikaansche tarweblom en gezouten spek, alsmede eenige vaten rijst en zout. Aan bakken van brood viel niet te denken; de oven was defect en er ontbrak een baktrog. De kolonisten waren verpligt zich hoofdzakelijk met ongerezen spekkoeken te voeden. De bestuurder Copijn requireerde wel eenige provisiën van de schepen; doch van deze konden slechts betrekkelijk geringe uitdeelingen plaats hebben.

Is het te verwonderen, dat zich binnen de veertien dagen

ziekteverschijnselen voordeden! De ruime voeding en het langdurig verblijf onder dek van de volgepakte schepen, doch vooral de slechte voeding bij aankomst en de teleurstelling die allen, en velen doodelijk – had geschokt, hadden eene ziekte doen ontstaan, die men mogelijk met doeltreffende middelen had kunnen te keer gaan.

Hier echter waren niet de minste voorzorgen genomen om zieken te verplegen; wel had de gezaghebber van de 'Noord-Holland' zijn scheepsheelmeester – die voor het eerst een tropisch gewest bezocht – en een medicijnkist afgestaan, maar spoedig bleek deze hulp ontoereikende te zijn. Er vielen weldra slagtoffers. De krachtige taal van den bestuurder, die zijne woorden, helaas, reeds met den dood van eenigen staven kon, deed thans van het koloniaal gouvernement eenige hulp opdagen. Nogthans bleef eene kist medicijnen, die met eene pontsgelegenheid van de stad afgezonden was en waaraan zoozeer behoefte bestond, door nalatigheid onbezorgd.

De kolonisten waren intusschen in de hutten te Voorzorg en Groningen in de kazerne en op den zolder van het magazijn gehuisvest. Voor de nog in aantogt zijnde was geen onderkomen. In allerijl moesten daarvoor lootsen worden opgerigt, en deze waren nog onvoltooid, toen de 'Antonie' en 'Eugenie' reeds het anker voor Voorzorg vallen lieten. Een tiental der eerst aangekomen kolonisten was reeds ten grave gesleept en de overige waren bijna allen ziek. Er heerschte een onbeschrijfelijke verslagenheid, welke zich ras aan de nieuw aangekomenen op de 'Antonie' en 'Eugenie' mededeelde. Deze spraken van geen terugkeeren, maar ijlden ter hulp van hunne lotgenooten. In half betimmerde loodsen van troelie [dakbedekking van pambladeren] en palissaden moesten zij – gehuwden met hunne kinderen en ongehuwden van beider geslacht, door elkander – een verblijf zoeken. De ziekte, die intusschen een ernstig karakter had aangenomen, tastte ook deze laatsten aan. Geneeskundigen, apothekers en oppassers snelden toe; ponten, beladen met medicijnen en ververschingen werden aangevoerd, doch alles tevergeefs, het was te laat!

Wie zal beschrijven, wat er omging in de harten der zoo deerlijk bedrogen kolonisten. Van de 384 bezweken 189, en bleven slechts 11 gezond. 'Misleid! Schandelijk misleid!' zoo sprak men te Voorzorg met een vloek. 'Mislukt! Droevig mislukt!' zoo sprak men elders in Suriname met... een glimlach.

Welk eene zware verantwoordelijkheid hebben degenen op zich geladen, die direct of indirect aan de oorzaken der mislukking, hebben meegewerkt, en vermoedelijk, voorzooverre het niet te wijten is geweest aan onvergeeflijk gebrek aan belangstelling in zaken, die men had te behartigen, omdat men vreesde, dat, als blanken veldarbeid verrichtten, de verhouding van het zwarte ras tot het blanke zich zou wijzigen in een zin, door de meesten niet gewenscht.

Wie met genoeg kapitaal, arrogantie en zweepen optrad, al stond hij nog zoo laag, kon met succes in deze slavenmaatschappij als man van gewicht optreden. Zij, die belang hadden bij het handhaven van dezen toestand gevoelden, dat daarin verandering komen zou, als de boerenkolonisatie mocht gelukken, dat de slavernij, waarvan het onredelijke en onzedelijke zooal niet erkend dan toch gevoeld werd, en wier afschaffing reeds dreigde, daardoor te minder zou kunnen worden gehandhaafd.

ANONIEM

De uitbarsting van de Krakatau, 1883

Op 26 augustus 1883 kwam na een rustperiode van tweehonderd jaar het vulkaaneiland Krakatau in de Straat Sunda tussen Java en Sumatra tot een uitbarsting. Het zou een van de grootste vulkaanerupties in de geschiedenis blijken te zijn. De gevolgen waren over de hele wereld aan het klimaat te merken. De uitgespuwde as ver-

spreidde zich via de dampkring en had wereldwijd behalve temperatuursdalingen ook sensationele zonsondergangen tot gevolg. Voor de onmiddellijke omgeving van de vulkaan was het resultaat desastreus, vooral door de hete asregen en de enorme vloedgolven die de omringende kusten teisterden en de daar gelegen steden en dorpen wegvaagden. Meer dan 35.000 mensen kwamen bij de ramp om het leven. In het volgende fragment, afkomstig uit een brochure van het 'Centraal Comité voor de noodlijdenden door de uitbarsting op Krakatau' worden de gevolgen voor de Europese en inheemse bewoners van het uiterste zuiden van Sumatra beschreven.

Het is niet mogelijk zich een juist beeld voor te stellen van de vreeselijke gevolgen, die de ontzettende ramp gehad heeft, wanneer men die niet met eigen oogen aanschouwd heeft. Elke beschrijving er van geeft den indruk inderdaad slechts zeer gebrekkig terug, terwijl het teekenen met sterke kleuren dikwijls is beschouwd geworden als fantaisie van den beschrijver. En toch kan men die kleuren niet sterk genoeg nemen. Een ieder die de verwoeste plaatsen kort na het onheil bezocht, moest erkennen, dat de werkelijkheid verre de treurige verwachting overtrof.

De zuidkust van Sumatra is bergachtig en de oevers rijzen meerendeels steil uit zee op. Slechts in de twee groote baaien treft men langs die oevers hier en daar een zacht glooiend strand aan, dat zich echter bijna nergens meer dan een zeven honderd meters landwaarts uitstrekt, om weer in grillig gevormde heuvels en bergen over te gaan. Die stranden waren nagenoeg overal bewoond en bebouwd, en slechts weinige kampongs waren op iets hoogere gedeelten der kuststreek gelegen. De grootste vloedgolf in den morgen van 27 Augustus bereikte eene hoogte van ongeveer 24 Meters, en haalde alles onderste boven en sleepte alles mede, wat onder haar bereik kwam. Alles wat op de stranden stond werd als weggevaagd, en later kon men slechts aan door de zee achtergelaten verwarde hoopen van boomstammen en gedeelten van huizen, waar tusschen lijken van menschen en dieren en stukken huisraad beklemd waren, bespeuren, dat die plekken eenmaal bewoond waren geweest. Zulke hoopen vormden een onbeschrijfelijken chaos; het waren kluwen, die, opgevuld met slijk, niet te ontwarren waren; van daar dat het behoorlijk begraven der lijken zoo ontzettend vele bezwaren opleverde, en langen tijd nog na het onheil die plekken als verpest bleven door de gassen, die uit die dierlijke en plantaardige overblijfselen ontwikkeld werden.

De mondingen der hier en daar voorkomende kleine riviertjes werden verstopt, zoodat het water een anderen uitweg moest zoeken, kuilen werden in den bodem geslagen, waar in het zee- en rivierwater bleef staan, en met de daarin te recht gekomen organische stoffen zoovele verderf

Slachtoffers van de ramp

verspreidende poelen vormden.

Het vernielingswerk was in die lagere streken volkomen.

Doch ook de hoogere streken, nabij de kust, die niet door het zeewater waren bereikt geworden, waren niet door de vernielende hand gespaard gebleven. Verscheidene woningen waren geheel of gedeeltelijk ingestort door de groote massa's asch, die op de daken waren terechtgekomen. Geen huis was onbeschadigd gebleven. Vele boomen waren omgevallen door den last der asch, die op hun bladerenkroon drukte; alle boomen en struiken waren geknakt, alle bamboestengels waren ter aarde geworpen. Het loof der boomen, die weerstand hadden geboden, was afgevallen, de bladeren der klapperboomen waren bij den stam afgebroken, en hunne kronen hadden het aanzien van vogels die hunne veeren lieten hangen. Alles was bedekt met een laag asch van eene vaal grijze kleur, zoodat alle grassoorten en laag groeiënde planten aan het oog onttrokken waren. Geen groen blad, geen grasscheutje was zichtbaar. Sloeg men den blik van het land naar de anders zoo schoone golf met haar vele eilandjes, dan rustte het oog in plaats van op water, op een dorre woestijn van een vuil geele kleur, waaruit hier en daar de verwoeste eilandjes als dorre rotsklompen te voorschijn staken.

Het geheel vormde een ontzettend schouwspel en wel had de vreeselijke gebeurtenis haar stempel achtergelaten op het terrein harer verwoesting.

Den treurigsten en meest doodschen indruk maakte nog wel de vlakte, waar vroeger de riante en in het lommer verborgen hoofdplaats Telok-Betong was gelegen. Was het wellicht omdat men wist, dat op die plek de meeste offers gevallen waren, de meeste welvaart bestond, onze stamgenooten zooveel geleden hadden en de grootste materieele schade was toegebracht? Overal ontmoette men nog sporen van metselwerk van gebouwen en bruggen, op enkele plaatsen waren nog gedeelten van wegen zichtbaar; hier zag men scherven van porselein of glaswerk, daar weder stukken ander huisraad; nu moest men een omweg maken voor een barricade van alle mogelijke zaken of voor een poel, – dan struikelde men over ankerkettingen of stukken telegraafkabel; rechts zag men prauwen en kleine schoeners vernield en op ééne zijde op het land liggen, – links een mast of een ijzeren boei uit zee op het land geworpen. In de woestijn van pruimsteen ontwaardde het oog eene onderste boven gekeerde kruisprauw, en eenige schepen die onbereikbaar en dus hulpeloos door die gele massa waren ingesloten. En dat alles werd beheerscht door de weinige op de heuvels staande gebouwen, wier grijze daken weinig afstaken bij hunne doodsche omgeving. Dit geheel vormde een tooneel, waarvan geen pen den indruk kan teruggeven.

Gevolgen der ramp voor de Europeanen
Voor de Europeanen, die in de Lampongsche-Districten te Telok-Betong, Katimbang en Beneawang woonden, had de gebeurtenis van 27 Augustus noodlottige gevolgen.

De Resident en een klerk uitgenomen, bewoonden allen de vlakte aan het strand. De *benteng* [versterking] die door de mindere militairen bewoond was, lag boven. De Officieren echter bewoonden de vlakte. Tijdig echter gewaarschuwd door de kleinere vloedgolven van den vorigen dag, hadden allen gelegenheid naar de Residentswoning de wijk te nemen in den nacht het groote onheil voorafgaande, daartoe voornamelijk aangespoord door den heer Van Stuivenberg, gezagvoerder van de Gouvernements stoomer Barouw. Twee officieren van dat stooomschip, de 1ste stuurman Ambt en de 1ste machinist Stolk, verlieten te laat hun schip, en kwamen om in de groote vloedgolf, die hen achterhaalde. Een Europeesch militair werd ook het slachtoffer daarvan. Te Katimbang bezweek een kindje van den controleur Beijerinck aan de gevolgen van doorgestane ellende en vreeselijke brandwonden. Te Beneawang moest de heer Van Zuijlen het leven laten.

De angsten gedurende de ramp en in de eerste dagen daarna door de Europeanen uitgestaan zijn ontzettend geweest. Algemeen geloofde men op den dag des onheils zelven den dood te zullen vinden; de vreeselijkste oogenblikken ondervonden de in het Residentie-huis verzamelde Europeanen, en de treffendste tooneelen hadden plaats onder hen, die zich ten dood bestemd waanden. De daarop volgende dagen werden nog steeds in de grootste angst doorgebracht. Te vergeefs werd uitgezien of de zee, van waar het onheil was gekomen, geen hulp zou aanbrengen van Batavia; elk oogenblik vreesde men bovendien eene herhaling van het gebeurde op den noodlottigen voorafgeganen dag, en huiveringwekkend waren voor hen de groote, uit zee op doemende massa's puimsteen, die deden wanhopen aan redding van die zijde. 't Smartelijkst was het lijden der controleursfamilie te Katimbang, waar vreeze voor het water gepaard ging met de pijnlijkste brandwonden veroorzaakt door de gloeiend heete aschregen, die overal doordrong. Hier kwam echter 't eerst redding opdagen in de personen der heeren Epple en 'T Hoen, die op menschlievende wijze hulp verleenden, en onder de grootste bezwaren den controleur, zijne vooral allerhevigst lijdende echtgenoote en zijne nog gespaard gebleven kinderen aan boord begeleidden van het stoomschip, waarmede zij gekomen waren en hen naar Batavia overbrachten.

Gevolgen der ramp voor de Inlanders en Vreemde Oosterlingen
De gevolgen die de ramp voor de Inlanders en vreemde Oosterlingen had, waren in verhouding van veel grooter omvang, dan die voor het evenredig zooveel kleiner aantal Europeanen. Individueel echter is door de eersten minder geleden geworden. Zij toch hebben zooveel geringere behoeften, zijn meer tegen de invloeden van het klimaat gehard, zijn gewend aan eene zeer luchtige kleeding, gevoelen minder het gemis eener behoorlijke woning, en kunnen zich in het algemeen beter behelpen.

In 't geheel werden 123 kampongs door de vloedgolf geteisterd. Enkele streken hebben ontzettend door de ramp van 26 en 27 Augustus geleden. Zoo werden de eilanden Sebessie met eene bevolking van ongeveer 2000 zielen en Seboekoe met ongeveer 100 bewoners geheel en al vernield. Geen enkel persoon heeft het leven daarvan afgebracht en zou kunnen navertellen, welke ellenden daar zijn uitgestaan. Zoo de bevolking door het zeewater is overrompeld geworden, dan is het lijden waarschijnlijk van vrij korten duur geweest, maar zeer veel is te zeggen voor de mogelijkheid, dat de bewoners den zoo nabij hunne kampongs gelegen berg nog hebben kunnen bereiken, en vluchtende voor het water een veel ellendiger langzamen dood hebben gevonden door de gloeiënd heete asch en alsdan levend verbrand zouden zijn. De aanblik dier eilanden is nu verschrikkelijk; geheel zijn zij bedekt met asch, welke alles heeft verwoest wat door het water gespaard was gebleven. Wanneer later na jaren die asch verdwenen zal zijn, zal het eerst uit menschelijke overblijfselen kunnen blijken, of er nog personen voor het water hebben kunnen vluchten en in de asch zijn omgekomen.

De aschregen van Krakatau werd gedurende eenigen tijd door den wind over de eilanden Sebessie en Seboekoe naar Katimbang gestuwd, en was daar neerkomende nog zoo gloeiend heet, dat men aldaar in de meening verkeerde, dat de heete asch door de Radja Bassa [vulkaan voor de zuidoostkust van Sumatra] en uit spleten in den grond werd uitgebraakt. Het meerendeel der slachtoffers vonden te Katimbang hun dood niet door het water, maar tengevolge der vreeselijke brandwonden.

In het geheel kwamen door en ten gevolge der ramp 12.458 Inlanders en Vreemde Oosterlingen om het leven.

M.TH. HIJLAARD
Gele koorts, circa 1900

Het leven in de tropische koloniën was niet gezond, zeker niet voor nieuwe immigranten. Zo was het in de zeventiende eeuw, maar zo was het rond 1900 nog steeds. De sterfte lag in de regel veel hoger onder de nieuwkomers dan onder de 'inheemse' bevolking of de afstammelingen van immigranten. In dit verhaal, gebaseerd op jeugdherinneringen van de Surinaamse auteur Hijlaard, peinst een creoolse jongen over het begraven van de doden, over de gele koorts en over wie daaraan het eerste ten prooi valt.

Alfred zat op een wortel van de sterappelboom en wist te vertellen. Hij had gister een grote omweg gemaakt toen hij van school kwam. Door de Weidestraat en toen in de Rust en Vredestraat en daar op Pikin Tiki [armenbegraafplaats waar boven het graf alleen een stokje stond] was een van de zwarte palen bijgekomen. Je hoeft er niet dichtbij te gaan, zo maar van de straat kan je ze zien. Zwart zijn ze, goed zwart al die gelekoortspalen.

En Coni – dat is kropina [geheimtaal] van Nico – had ook wat gezien toen hij voor zijn moeder boodschappen ging doen en niet naar school was gegaan.

De nani-wagen [lijkwagen voor de armen] holde maar en de koetsier zweepte er op los, want in die wagen, in een platte lantikisi [lijkkist voor de armen] was een dooie gelekoortsman. Die moest gauw-gauw naar de begraafplaats. Dood, kist, vooruit. Zo worden ze begraven. Ze wachten niet tot 's middags. Familie en zo, die moeten maar zien hoe ze op Pikin Tiki komen, per fiets of per rijtuig.

Anton, die wist meer. Dat gat, dat die man graaft, is geen gewoon gat. Het moet dieper zijn dan de schop met steel en al.

En wanneer die man dolf moest hij dram [alcohol] in zijn mond houden, want hij was dicht bij de andere graven. Dan kon hij de stank niet ruiken, die eruit kwam, want stinken dat die lijken deden, beestachtig.

'Ja, maar waarom zo diep', wilde Alfred weten.

'Jongen, als het niet diep was dan konden al die wurmen naar boven kruipen en je zou zeker eentje willen hebben om te gaan hengelen.'

Diep, diep moet het gat zijn, dan kunnen ze niet naar boven boren, ze stikken daar onder.

Sjori wist het meest, want zijn oom werkt daar op Poelepantje, waar ze die gelekoortsmensen naar toe brengen. Als de dokter bij ze ging, bond hij een doek om zijn mond en stopte watten in zijn oren en neus. Niets van de gele koorts mocht binnen bij hem, want als de zieke hoestte en alles uit zijn mond kwam, nou, dan kon de dokter gaan liggen en wachten op nani [zijn dood]. De oppassers moesten precies hetzelfde doen.

Zijn oom heeft nog meer verteld. De mensen, hun handen zijn geel, hun nagels ook, hun ogen en voeten vooral van onder. En als ze poepten, deden ze dat in een potje met carbol en pot en al ging in een kuil. Gat dicht. Iedere keer een andere pot en een ander gat.

Gingen ze dood dan gingen hun kleren, de lakens, kussens en matrassen in de oven. Brandspiritus en kerosineolie erop. Een lucifer en dan verbrandde alles, niets mocht overblijven, alleen as.

Alfred was niet tevreden. Als de mensen of hun familie geld hadden en ze wilden niet op Pikin Tiki gaan, wat dan. Ze hadden hun geld, wilden een mooie kist laten maken en deftig laten begraven. Het was toch hun geld en hun familie, die dood is. Zo maar laten begraven als arme lantigron [overheidsgrond] mensen in een platte kist met nani en niet op ston kerkofoe [stenen kerkhof, voor de rijkeren].

Daar wist Coni wel de reden voor. Gele koorts, dood, meteen begraven. Je kon niet wachten totdat familie klaar was met fiedelboks [mooie doodkist] en deftige dingen.

Paard met franjelaken, koetsier met brouwer [hoge hoed], krepsi met koti [voorloper met pandjesjas].

Gekheid, die hele gele koorts vond Wimpi. Zijn moeder zei dat de Hollanders en andere bakra's [witte mensen] gele koorts krijgen omdat ze het hele jaar niet anders eten dan aardappelen. En als ze gekookt zijn, zacht als ik weet niet wat. Ze moesten groene bananen eten en napi en zoete cassave dan kregen ze kracht om met de koorts te vechten.

Alle dagen aardappelen, daar moest je zwak van worden. De gele koorts komt en zegt: jij met je aardappelbuik, jou moet ik hebben en dan ga je. Jankoeberi kono beri [begrafenisliedje].

En als ze aten, geen peper, wist Anton, zwarte peper alleen, maar is dat ook peper? Nu er gele koorts is gekomen, eten we allemaal peper. Veel eten dan wordt je bloed peper wist zijn moeder.

Nelis zijn vader las elke zondag *Onze West* en daarin stond dat je de schil van granaatappel moest samen koken met wet'ede [geneeskrachtig kruid]. Ze dronken elke avond een glas vol, dat was goed tegen de koorts.

Nelis wist nog meer. Een boot helemaal uit Rusland, St. Petersburg was hier gekomen. De kapitein? Gele koorts, dood. De stuurman, gele koorts, dood. De kleren van alle matrozen werden verbrand, ze kregen andere in de plaats. Ze mochten niet in de boot blijven, maar moesten gaan wonen bij krioro's [creolen] en niet een heeft ger'korsoe [gele koorts] gekregen! Maar elke week gingen er mensen dood, ook op de plantages. Dat alles stond in de kranten die zijn vader las.

Allemaal gekheid, want mijn grootmoeder heeft gezegd, dat krioro's geen gele koorts krijgen. Ons bloed is bitter. Jere a man dape [Hoor hem], met zijn bitter bloed. Dat kan niet, bloed is niet bitter. Het smaakt naar niets, alleen maar naar bloed. Zweet is zout, maar bloed heeft geen smaak.

Sjori wist het anders. Als je buikpijn hebt, wat drink je?

Bita. En als je poeiers krijgt van de dokter, hoe smaken ze? Bitter. Al dat bittere gaat naar binnen en vecht met de ziekte. Als je je bloed proeft, is het dan bitter? Neen. Ons bloed is bitter, maar we proeven het niet. Zijn grootmoeder heeft gelijk. Krioro-broedoe bita, we krijgen geen gele koorts.

Alfred moest weer gaan kijken of er meer zwarte palen bijgekomen waren.

Moord en doodslag

ANONIEM
Muiterij op de Batavia, 1629

De Batavia, tegenwoordig het bekendste VOC-schip door de recent gebouwde replica, was een triest lot beschoren. Op zijn eerste reis naar de Oost liep het vast op een rif voor de West-Australische kust. Een dergelijk lot trof meer schepen, maar deze gebeurtenis was een wel zeer bijzondere. Al tijdens de reis had een aantal schepelingen een muiterij beraamd met als doel het overnemen van het schip als piraten de zeeën af te schuimen. Nadat het schip op 4 juni 1629 was vastgelopen en de vlootcommandant, Francisco Pelsaert, naar Batavia was gevaren om hulp te zoeken voor de meer dan driehonderd passagiers die zonder voedsel op een paar kleine koraaleilandjes waren achtergebleven, kwamen de muitelingen tot een radicaal besluit. Om te voorkomen dat hun plannen zouden uitkomen besloten zij alle overlevenden, op een veertigtal mannen na, te vermoorden. Met de overlevende groep wilden zij het eerste het beste passerende schip overmeesteren om daarmee alsnog hun gehoopte carrière als piraten te beginnen. Zij gingen voortvarend te werk en hadden al meer dan honderd mensen vermoord voordat Pelsaert met hulp terugkwam. Hij ontzette de resterende schepelingen, nam de muitelingen gevangen en bracht ze naar Batavia, waar zij werden berecht. Het eerste bericht van deze tragedie werd reeds in 1630 gepubliceerd. Het is een pamflet van vier bladzijden dat voor meer dan de helft in beslag wordt genomen door het volgende 'droevich jammerlijck liedeken'.

Een droevich jammerlijck liedeken, van de deerelijcke moordery, die bedreven is in Oost-Indien

> Aenhoort dit droevich liedt,
> Watmen u sal ghewaghen:
> Groot jammer is gheschiet
> Tis wel om te beklaghen,
> Wie heeft met onvert'saghen

Van sulcken strijdt ghehoort?
Wie las oyt van sijn daghen
Van sulcken grooten moort.

Ghelijck met onghena
Seer schricklijck is bedreven,
Op het schip Batavia
So u hier wort beschreven,
Veel matroosen zijn om 't leven
Vermoort, en omghebracht,
Vrouwen kinderkens beneven
Och hoort eens nae dees klacht.

Door groote jalousy
Is deesen moort gheresen,
En met verradery
Sochten daer veel mitsdesen
Het schip meester te wesen,
Maer door Gods stercke handt
Is Batavia met vresen
Den vierden juny ghestrant.

Als sy waren ghestrant
En jammerlijck ghebleven,
Elck een pooghde na 't landt
Om te berghen haer leven,
Achtenveertich zielen even
Hebben haer door Godes ghena
Met sloep en boot begheven
Nae de ree Batavia.

Noch twee hondert bekant
Die van het schip oock quamen,
En dat op een eylandt
Als vrienden altesamen,

En swoeren daer by namen
Malcanderen by te staen,
En middelen te ramen
Om te komen daer van daen.

Wy maeckten daer seer bly
Een schuytje t'saem midtsdesen
Maer door verradery
Is daer weer haet gheresen
Door ons coopman mispresen
Die heefter veel toeghekocht,
Tot desen moort met vresen
Hoort hoe het is volbrocht.

Alst schuytje was ghemaeckt
Den koopman met der ylen,
Heeft bloedtdorstich ghehaeckt
Met sijn ghekochte fielen
Liet boven vijftich zielen
Aen't Robben Eylant verstoort
Die heeftmen gaen vernielen
En seer tyrannich vermoort.

Doch vijf matrosen goedt
Hebben de vlucht ghenomen,
En zijn met alder spoet
Op't hoogh eylandt ghekomen,
Daer vonden sy met schromen
Noch veertich maets beducht,
Dat waren vande vromen
Die mee waren ghevlucht.

Sy klaeghden daer malkaer
Hoe sy waren bedroghen,
En vielen oock te gaer

Op hare knien gheboghen,
Tot den hemel haer ooghen
Baden ghelijckerhandt
Dat Godt door sijn vermoghen
Haer wilde doen bystant.

Dees moordenaers Godloos
Om haer moetwil te wreken,
Kleene kinderkens seer broos
Hebben sy oock doorsteken,
Swangbaer vrouwen t'is gebleken
De borsten afghesneen,
Tis qualijck om te spreken,
Wat grouwel sy al deen.

Sy waren noch veertich man
Die quamen ons bestrijden
En vielen seer dapper an
Maer wy om te bevrijden,
Weerden ons sonder mijden
soo op't hooghe eylant,
De moorders tot gheen tijden
Kosten komen aen strandt.

Terwijl wy dus beswaert
Te samen vochten bloedich,
Pieter Lambersz vermaert
Toonde sijn vroomheyt goedich,
quam overvaren spoedich
Al met de schuyt verblijt,
En die hulp ons wel moedich
Dat was voor haer een spijt.

Hoe wel de derdemael
Sy ons bestrijden quamen,

En swoeren sonder fael
Te vermoorden al te samen
Wy hebben t'haer blamen
Vijf moorders selfs verrast,
Den coopman oock by namen
En bonden hem seer vast.

Den lesten aenval snoot
Die sy op ons bedreven,
Bleeffer van ons een doodt,
Drie ghequetsten daer beneven,
Doe saghen wy komen streven
De zeylen triumphant,
Van den Commandeur verheven
Die quam om't hooghe landt.

De moorders zijn seer swaer
Gheboeyt ende ghevanghen,
Den coopman is daer naer
Met noch ses opghehanghen,
De reste met verstranghen
Sitten swaerlijck ghevaen
Hoe't daer mee is verganghen
Salmen wel haest verstaen.

Oorlof ghy vroome lien
Dit liedt doet u verklaren,
Van 't gheen men sach gheschien
In Oost-Indien met beswaren.
Die met Batavia sijn ghevaren
Hoe't met haer is vergaen,
Men sach noyt vreemder maren
Inde cronijcken staen.

G.B. BOSCH
Een moord op Aruba, circa 1825

Het koloniale Aruba telde aan het begin van de negentiende eeuw nog geen 2000 inwoners, onder meer omdat de aanvoer van voor de slavernij bestemde Afrikanen lange tijd was gereserveerd voor het naastgelegen Curaçao. Toch speelt een slaaf de hoofdrol in dit verhaal, zij het een slaaf van deels Afrikaanse, deels Indiaanse afkomst. Bosch vertelt in dit fragment uit zijn Reizen naar West-Indië *een verhaal na over de moord die deze slaaf, Johannes, zou hebben gepleegd op zijn eigenaar. Dominee Bosch wisselt zijn versie van dit drama, dat eindigt met de berechting van Johannes, af met allerlei letterkundige uitstapjes en bespiegelingen over de volgens hem in wezen onderdanige aard van de slaven.*

Wij waren naauwelijks een half uur van de oostpunt, langs den zuidwal, voor wind en stroom voortgezeild, toen de kapitein mij op eene kleine met een wit gepleisterden muur en een strooijen dak voorziene woning wees, – welke, met een' heg, van den cilindervormigen cactus omringd, als het verblijf van een' anderen Robinson Cruso, eenzaam in deze wildernis stond, – en zeide: 'Dáár is het huis, waarin Johannes zijn' meester vermoord heeft.'

Terwijl ik nog, lang en strak op een huis staarde, hetwelk anders naauwelijks een' voorbijgaande blik zou waardig gekeurd zijn, maar nu iets merkwaardigs verkregen had, als konde men er uitwendig aan zien, dat van binnen Johannes zijn' meester vermoord had – voegde de kapitein er bij: 'Dat was een wreedaardig stuk; wie had kunnen denken, dat de oude Heer L... nog zoo ongelukkig aan zijn einde zou komen!'

Wat was dat voor een moord? Wat was er de oorzaak van? Welke waren de omstandigheden? Hoe kwam dezelve uit? Vraagt zeker hier de Lezer met eene belangstelling, welke niet slechts moet verklaard worden uit de zucht naar het vreemde en treffende; noch uit de weetgierigheid, om de ontwikkeling en den gang der menschelijke hartstogten te kennen. De beantwoording dezer vragen geeft mij intusschen gelegenheid, mijn reisverhaal met eene moordgeschiedenis te verlengen of af te wisselen; want men heeft mij gezegd, dat zulks te doen tot den meest behagelijken schrijfstijl van dezen tijd behoort.

De moordgeschiedenis, welke ik thans op mijne reis naar Aruba vernam, kan echter, hoe gaarne ik ook gezind ben, om mijnen lezers vermaak te doen, met die ontzettende ontroerende omstandigheden niet afgeschilderd worden, omdat ik mij verpligt acht, juist zoo te verhalen, als het wezenlijk gebeurd is. Het is op zich zelf reeds schrikkelijk genoeg, als de mensch zich aan de uiterste schending der goddelijke en maatschappelijke wet schuldig maakt; zijn' natuurgenoot gewelddadig het leven beneemt; en als, naar de uitspraak des oudsten wetgevers, zijn bloed moet stroomen, omdat hij eens anders bloed vergoten heeft.

Er is echter bij mijn verhaal eene voor Europeërs vreemde omstandigheid, namelijk, dat een slaaf zijn' meester vermoordt. Hoogst zeldzaam gebeurt dit in West-Indië; wel hoort men eens, dat een slaaf, na weg geloopen te zijn of kwaad gedaan te hebben, zich opgehangen of den buik opengesneden heeft; en ik zou het getal voorbeelden niet gaarne willen opnoemen, hetwelk ik mij daarvan herinneren kan. Bijna nooit echter ziet men, dat hij het leven zijns meesters aangerand heeft. Ik geloof, dat deze omstandigheid niet te zoeken is in de overtuiging, dat, zoo er redenen bestaan, die het misdadig maken over zijn eigen leven te beschikken, het nog veel misdadiger moet worden, hetzelve aan een ander te ontnemen; veeleer vermoed ik, dat zulks toe te schrijven is, aan de geheime vrees, waarmede de slaaf voor zijn' meester is opgevoed, en aan den grooten eerbied, welken hij der blanke Europesche kleur toedraagt.

Naauwkeurig kan ik de thans in mijne pen liggende

gebeurtenis verhalen, dewijl ik dezelve heb uit den eigen mond, niet van den ongelukkigen vermoorde zelven, zoo als sommige schrijvers van moordgeschiedenissen schijnen te hebben, maar uit dien van deszelfs nagelatene echtgenote en volwassen kinderen, en wel eerst van hen gezamenlijk, en daarna van ieder in het bijzonder, en zoo met herhaling, dat men ten laatste er weder iets van zou beginnen te vergeten.

De oude heer L... was, 70 jaren geleden, op Aruba geboren, daar gehuwd, en had kinderen en kleinkinderen; eerst had hij zich met de zeevaart bezig gehouden, en later op de veeteelt toegelegd. Inzonderheid door dit laatste, was hij voor Aruba een zeer gegoed man geworden; want hij bezat, zoo als ik ten naaste bij berekenen kan, 20 slaven, 50 stuks hoornvee en 600 schapen. Hij was altijd bedacht, de veefokkerij, zooveel mogelijk, uit te breiden, en verzocht en verkreeg tot dat einde de toestemming, om op het geheel onbewoonde Zuid-Oostelijk gedeelte des eilands een huis te bouwen, en, voor zijn steeds toenemend getal schapen, eene koraal aan te leggen. – Dat was nu het huis en de cilindervormige cactus heg, welke mij de kapitein aanwees. – De oude man deed niet wel, dat hij, in zulk een' vergevorderden leeftijd, zijn huisgezin nabij de baai verliet, en in zoodanig een afgelegen oord ging wonen, alleen vergezeld van een' slaaf. Deze, Johannes geheeten, was de zoon van eene Negerin en een' reeds eenigzins verbasterden Indiaan, gevolgelijk niet zwart, maar van eene kleur zoo wat tusschen zwart en ligt bruin in.

Nu gebeurde het, dat, op zekeren morgen, Johannes bij het huisgezin aan de baai kwam, berigt gevende, dat zijn meester gisteren was uitgegaan, om te visschen, maar niet terug gekomen; dat hij overal te vergeefs gezocht had, en dat het hem waarschijnlijk voorkwam, dat deze, door deszelfs oude en zwakke voeten, van de Barancas gevallen, en in de zee verdronken was. Barancas zijn rotsen, meestal scherp en steil, waarmede de gansche noordzijde der Curaçaosche eilanden voorzien is, en welke men ook op enkele plaatsen aan het zuidelijk strand aantreft, ze zijn van eene kalkformatie, en doorgaans van onder door den aanhoudenden en altijd naar het strand loopenden golfslag uitgehold, waardoor men gelegenheid heeft, met den hengel in eenigzins diep water te kunnen visschen. De oude Heer L... maakte, dit wist men, van deze tijdkortende en visch aanbrengende gelegenheid, dikwijls gebruik, en het was dus niet van waarschijnlijkheid ontbloot, wat Johannes als een vermoeden van zijns meesters uiteinde had aangegeven. Men vond ook, inderdaad den vischhengel aan het strand en, een paar dagen later, het lijk, misvormd door het zeewater en vooral door het tegen den wal stooten met den telkens herhaalden golfslag.

Intusschen bleef er een kwaad vermoeden op den slaaf rusten; want, wat ook de groote Blumenbach over het voordeelige der vermenging van verschillende menschenrassen zeggen moge, men vertrouwt op Aruba niet zeer die afkomelingen van Indianen en Negers. 'Het was', zeide de oude Weduwe, toen zij mij de gebeurtenis verhaalde, terwijl zij de hand op het hart lag, – 'het was, als of eene inwendige stem mij ingaf, dat Johannes de schuld had van zijns meesters dood.'

Doch hoe uitstekend de slaven doorgaans de kunst verstaan, om met een onschuldig en eenvoudig gelaat de ergste logens te verhalen, en tegen alle bedenkingen staande te houden; en met welk eene ingespannene oplettendheid de moordenaar bedacht is, alles te verwijderen, wat aanleiding tot eene ontdekking geven zou, – diezelfde onzigtbare magt, die 's menschen zedelijke vrijheid niet hinderen kan, blijft echter de omstandigheden eens misdrijfs besturen, en brengt eenmaal weder de waarheid aan het licht.

De zoon van den heer L... had, na zijns vaders dood, de eenzame woning betrokken. Eens zag hij tusschen het fijne witte zand, waarmede de met kalk of cement bepleisterde vloeren in de woningen te Aruba bedekt zijn, iets glinsteren; hij raapte het op en herkende in het glinsterende voorwerp een stuk van het gouden kettingje, waarmede zijn vader, geene das dragende, deszelfs hemdkraag, pleegde te versieren. Hij deed nu terstond al het zand wegruimen, en werd op den vloer wel flaauwe, echter niet onduidelijke bloedvlekken gewaar. Het vermoeden, dat de oude heer L... hier en niet aan het strand der zee zijn leven verloren had, en dat zulks niet op eene toevalligge, maar op eene geweldige wijze geschied was, werd hierdoor vrij sterk.

Men moest nu de bekentenis uit Johannes weten te verkrijgen; doch deze word, door de reeds gedane ontdekking niet het minste in verlegenheid gebragt, en beantwoordde de beschuldiging droog weg, met de uitdrukking, die de Negers altijd bezigen, als hun eenig bedreven kwaad voorgehouden wordt: 'Mi no sabi di nade, mi sjon!' (Ik weet van niets, mijnheer!) De beschuldigde word echter in het Fort in de gevangenis gebragt, en toen de deur achter hem gesloten werd, ontglipte hem de uitroep: 'O hache! o hache!' De schildwacht, een jager van de bezetting te Curaçao, scheen van de landtaal niet meer te kennen dan hij noodig had bij de gekleurde meisjes en in de kroegen, en vraagde: 'Wat beteekent dat? De vent roept: O hache! o hache!' Nu was er eene halve bekentenis uit den mond van Johannes, want 'hache' zegt een bijl, en is, behalve een sjap, eene soort van hak, doch langer en zwaarder en met een' langen steel; het dient in de veldarbeid voor schop, spade, vork, schoffel en hark, en is bijna het eenige werktuig waarmede de slaaf op de West-Indische eilanden voorzien is.

Den volgenden dag werd Johannes in een geregtelijk verhoor gebragt, waarbij hij met dezelfde koelbloedigheid en eenvoudigheid, waarmede hij vroeger betuigd had als van niets daaromtrent te weten, verklaarde, dat hij zijn' meester vermoord had in een 'mal ora'. Deze woorden, – welke weder doen zien, dat de Curaçaosche landtaal, die thans door zekere omstandigheden, te breedvoerig om hier te vermelden, meer en meer over sommige West-Indische eilanden en op de vaste kust verspreid is, tot hare moeder de Latijnsche taal heeft, – beteekenen letterlijk een kwaad uur. De slaven dezer eilanden gebruiken die woorden bijna bij elke verontschuldiging, en duiden er door aan: een ongelukkig oogenblik, een noodlottig tijdstip, waarop zij niet regt wisten, wat zij deden, en als door hunnen goeden Genius verlaten waren.

Alles, wat men verder van Johannes weten wilde, vertelde hij: zijn meester lag op de bank een weinig te slapen, met het voorhoofd op de armen rustende; hij nam den bijl, en sloeg er mede op het achterhoofd, zoodat er bloed uitsprong; de wond was echter niet doodelijk, want zijn meester rigtte zich op, en begon met hem te worstelen doch eenig kappen met den bijl meer deden den ongelukkige, in zijn bloed wentelende, dood ter aarde vallen. Hij nam vervolgens het lijk, wierp het in de zee, en zorgde wel, dat de vischhengel er bij kwam. Hoe er een schakeltje van den gouden halsknoop, welke zeker bij het worstelen moest gebroken zijn, in het zand geraakt was, dat thans op den vloer lag, kon hij niet begrijpen; want hij had terstond al het zand uit de kamer weggeworpen, en er versch zand van den zeekant ingebragt. Ook had hij niet gedacht, dat er bloedvlekken op den vloer zouden overblijven, alzoo hij dezen, vóór het nieuwe zand er op kwam, zorgvuldig met water schoon gemaakt had.

Naar Curaçao overgevoerd, om aldaar gevonnisd te worden, bleef hij bij zijne bekentenis, alleen er bijvoegende, dat hij tot het besluit om zijn' meester dood te maken gekomen was, dewijl deze hem streng behandelde, veel van hem vergde, en altijd beknorde; eene verontschuldiging wel te verwachten in dergelijke omstandigheden, doch weinig te betrouwen; de ware, althans meer waarschijnlijke, aanleiding tot dezen moord was, dat Johannes liever aan de levendige baai dan aan de doodsche en eenzame oostpunt wilde wonen; liever bij zijne vrouw of vrouwen wilde zijn dan steeds bij zijn' 70-jarigen knorrigen meester, door wiens dood hij verwachten kon eene plaatsverandering te zullen ondergaan.

'Maar zeg ons' – zoo verbeeld ik mij hier te hooren vragen – 'hoe hield Johannes zich, toen hij ook sterven moest?' Hij bleef, even als te voren, koelbloedig en bedaard, en met hetzelfde voorkomen van goedhartigheid en onschuld. Alles, wat de Pastoor hem, als in de Roomsche kerk gedoopt zijnde, leerde, nam hij geloovig en geduldig aan. Den avond vóór de strafoefening, was hij tegen de schutters, welke hem bewaakten, zoo opgeruimd en spraakzaam als of hij nog eene halve eeuw te leven had, en eindelijk beklom hij den ladder met die onverschilligheid en onbevreesdheid, waarmede zoowel Negers als Indianen gewoon zijn, de doodstraf te ondergaan, hetwelk den Physiologist der menschen een handvol werk ter nasporing en uiteenzetting aanbiedt.

Sedert is het huis, waarin Johannes zijn' meester vermoord heeft, verlaten; het stond ledig, toen ik er voorbij voer; deur en vensters waren gesloten. De schapen graasden aan de noordzijde des eilands. En wie zou ook willen wonen in een huis, nog met menschenbloed bevlekt, gelegen op eene plaats, waar nooit de mensch zijne treden zet, waar niets de doodsche eenzaamheid afbreekt dan het eentoonig gesuis des oostenwinds over het veld of deszelfs sissend fluiten tusschen de doornen der cactusplanten. Als na eenige jaren de keerkringslucht het steen-, hout- en stroowerk dier woning uitgedroogd, en aan den oostenwind, die een gedeelte des jaars over dit land raast, als wilde hij alles vernielen, de behulpzame hand biedt, om het huis spoedig te sloopen, dan zal de zeeman, als hij deze kust voorbijvaart, naar deze eenzame plek wijzen, waar anders zoo weinig aan te wijzen valt, en zeggen. 'Dààr stond het huis, waarin Johannes zijn' meester vermoord heeft.'

Of het dan juist zoo, als ik het boven gedaan heb, zal verhaald worden, durf ik niet beweren; eerder zou ik gelooven, dat het dan veranderd, vermeerderd, verduisterd en verdicht zal zijn. Geschiedde zulks niet doorgaans met den voortgaanden tijd, hoe zouden anders reizigers in Europesche landen aan die zonderbare en ongeloofelijke moordverhalen komen, met welke zij hunne reisbeschrijvingen opsieren. Misschien zal eens hier voor menigeen het stukje van den gouden halsketting, dat, als de geheimzinnige getuige tegen den moordenaar, in het zand verscheen, des nachts glinsteren. Misschien zal menig zeevaarder den sterken stroom niet meer toeschrijven aan de juist in deze rigting liggende kaap St. Roman, die hier zoo nabij is, dat men aan het vaartuig geen' langen gang om de zuid vergunt, en langs welke al het water, dat uit de golf van Coro komt, met bijzondere drift, als moest het er hals over kop uit, heenspoelt; en waardoor de naar beneden gaande vaartuigen met groote snelheid voorbij getrokken, maar in het opkomen teruggehouden worden; – misschien zal eens, zeide ik, menig, zeevaarder den juist hier loopenden sterkeren stroom niet meer daaraan toeschrijven, maar aan eene onzigtbare kracht, welke de plaats heeft, waarop eens het huisje stond, in hetwelk Johannes zijn' meester vermoord had, als wilde die plaats geene vaartuigen in haar gezigt dulden. Misschien zelfs zal het dan wel spoken, zoo er namelijk, vóór dien tijd, uit andere gewesten spoken zijn overgevoerd; want wat goeds of kwaads er ook uit Europa naar West-Indië is aangebragt, spoken in den echten zin, zijn er, zoo ver mij bekend is, tot heden toe niet overgekomen.

P.A. DAUM
De terechtstelling van Wangsa, 1889

In januari 1889 werd op het Stadhuisplein in de Benedenstad van Batavia de Javaan Wangsa in het openbaar opgehangen. Hij was daartoe veroordeeld omdat hij de Europeaan Wigman zou hebben vermoord, zonder dat hij dat overigens ooit bekende, laat staan dat duidelijk werd wat zijn motief was. Duizenden belangstellenden woonden Wangsa's terechtstelling bij, onder wie de beroemde journalist P.A. Daum (1850-1898) die het volgende aangrijpende verslag schreef van die indrukwekkende gebeurtenis.

't Was al vroeg druk langs het benedengedeelte van den Molenvliet. Nog vóór de stoomtram zijn dienst had begonnen, repten honderden inlanders zich stadwaarts. Zij liepen langs de huizen en op 't verhoogde pad bij het water met haastigen tred; vrouwen driftiger nog vooruit stappend dan mannen; haar kinderen mêe trekkend, vreezend te laat te komen bij de zenuwprikkelende voorstelling, die haar wachtte; bij de gratis vertooning van een mensch dat wordt doodgemaakt. De mannen gedroegen zich nog als gewone inlanders, pratend en lachend en strootjes rookend; de vrouwen waren zenuwachtig en opgewonden; zij keken in elk rijtuig met nieuwsgierige gezichten; met iets vragends in haar groote zwarte oogen. Wie zou die heer zijn? Zou ook hij 'er' iets mee te maken hebben?

Het was een doffe, grijze ochtend zonder kans op regen of zonneschijn, met stil eentonig licht. Het peloton cavalerie stapte rustig voort, de karabijn opzij; ruiters en paarden frisch in den vroegen ochtend; flinke soldaten meest, vierkant op 't peerd. En al wat zoo voorwaarts trok, de stad in, door de breede straat, langs de nog gesloten, met ijzeren bouten gekruiste deuren en vensters van winkels en kantoren, liep als 't ware dood op de dichte, dooreen schuifelende menigte op 't Stadhuisplein, waar, om den hoek bij 't 'groote huis', een schout stond, die met den glinsterenden zilveren band om z'n pet, zijn fijn lakenschen uniformjas en dikken rotting bij de omgeving van half verkleurde katoenen baadjes erg netjes afstak, en den aandrang belette van *dos-à-dos* [tweewielig rijtuigje] en wagens met inlanders, chineezen en europeanen, 'n paar jonge dames zelfs in rose kleedjes, allen met zenuwachtigen drang, hakend naar het schouwspel van een man, die wordt doodgemaakt, of met overdreven en geveinsde kalmte langzaam slenterend, als kwamen ze zoo vroeg van Weltevreden louter om 'n half uur te flaneeren op 't Stadhuisplein! En terwijl zich het plein vulde tot in de uitloopende straten op den achtergrond; vulde met een stille donkere menigte in kleurige dracht, waarin de helderwitte jassen van europeanen schelle lichte plekken sloegen, kwam tegen de gekalkte muren van het groote oud-hollandsche stadhuis boven op het hoog bordes de zwarte silhouette van de galg scherp uit, met het rouwkleed over de breede schragen waarop zij rustte, als een reusachtige deurpost, zwart geteerd met drie groote haken aan zijn dwarsbalken; de vleeschhaken der gerechtigheid.

Aan de middenste dier haken zou Wangsa hangen, de moordenaar van den heer Wigman.

Ze waren allen in groot tenue, de ambtenaren die op 't bordes en in 't stadhuis stonden en liepen; de schouten met hun sabels in de handen en witte handschoenen aan, voor deze plechtigheid gelijk voor een groote staatsie; en de inlandsche ambtenaren stonden of liepen er ook rond in hun beste officieele kleeding, prat op hun met zilver gegalonneerde kragen en buisjes, in rustige deftigheid, zwijgend als hun niets werd gevraagd; denkend hun eigen gedachten die zij nooit zullen zeggen.

Binnen in 't half duister der galerij staan hier en daar ambtenaren en nieuwsgierige europeanen, die toegang hebben, met elkaar te praten; voor het steenen trapje van een deur houdt een politie-oppasser de wacht; boven die deur staat met een ouderwetsch lettertje op een zwart bord 'Hoofdwacht'. In het halflicht van de opening komt nu en dan de figuur van een schout te voorschijn met zijn net gepoetsten sabelschêe als een zilver zwaard in de hand. Het is een smerig kamertje. Alles is er oud en vuil; het hooge vallicht op den achtergrond verlicht het in den grijzen ochtend maar flauwtjes, door de spinnewebben heen tusschen de ijzeren tralies en de ongewasschen glasruiten. De waterschout met zijn pet achterover en zijn open zeemansgezicht loopt er onophoudelijk heen en weer, zich vermoedelijk te Priok wenschend. Nu en dan verdwijnt iemand achter een verkleurd armoedig schutsel ruim halverwege het vertrek en komt er wêer uit. Waarom? Ik weet het niet. Hij heeft er zeker niets verricht. Het zijn de zenuwen. Er moet immers een mensch worden dood gemaakt, en dat mensch is hier.

Het zit op een stoel tegen den muur; het schijnt onbeweeglijk. Twee vaalblauwe figuren met gele uitmonstering staan ter wêerszij naast hem, Wangsa, den moordenaar. Zij zijn ook inlanders; zij behooren ook tot het rustige flegmatieke genus; maar zij staan geen minuut stil; zij leunen nu eens links dan wêer rechts; zij spreken met elkaar of met den ter dood veroordeelde, die, alleen, heel stil zit, met zijn ongeboeide handen op elkaar en zijn voeten over elkaar gekruist. Hij heeft zijn witte doodskleeren aan; zooals hij zit, schijnen ze vóór zijn lijf geplooid te zijn met een strookje; het geeft er iets nets, iets feestelijks aan, maar ik weet niet of het werkelijk zóó was dan enkel schijn; toen hij buiten kwam en op het schavot, vergat ik ernaar te zien.

Als ik de steenen trap opga en den drempel van de 'hoofdwacht' betreed, staat Wangsa op en maakt een buiging met dien goeden vorm van beleefdheid, die den inlander schijnt aangeboren. Er is iets deftigs in zijn rustige manier van doen. Hij is niet meer de 'koeli', dien ik in hem zag toen hij voor den rechter zat. Is het 't half licht van het vertrek, de witte kleeding en hoofddoek, of het onverstoorbaar rustige in zijn geheele houding, waardoor hij zoo verschilt van zijn omgeving? Of is het alles bijeen genomen, dat zoo'n indruk op mij maakt? Deze man gaat sterven; hij is kerngezond; zijn gezicht is vol; zijn gestalte, voor die van een inlander, kloek en welgebouwd; hij weet dat binnen weinige oogenblikken daar buiten in het heldere licht en tegenover duizenden de galg hem wacht met den gewelddadigen dood van verworging door ophangen. En geen spier in zijn gezicht is vertrokken; hij beeft niet; zijn oog ziet vrij en rustig rond; daar komt een meneer, – niet één waarvan hij iets te hopen heeft, want hij heeft geen hoop, en de 'meneer' is geen 'autoriteit', maar een mensch in 'n wit jasje, – en hij staat langzaam op en groet beleefd en onderdanig.

Het imponeerde mij.

Ik ben, hoop ik, geen sentimenteel man. De doodstraf keur ik goed, als maatschappelijk rechtsmiddel van preservatieven en repressieven aard, beide. Ik heb in mijzelf getoornd tegen Wigman's laaghartigen moordenaar; als het noodig was geweest, had ik hem eigenhandig doodgeschoten, en zóó had ik het Wangsa kunnen doen, ondanks al het decoratief der terechtstelling; ondanks hetgeen mij dat oogenblik imponeerde.

Maar over deze zaak zweeft een duistere geheimzinnigheid; over dezen moord hangt een groot, noodlottig vraagteeken. Het is 't: *waarom?* Waarom doodde deze inlander op zoo gruwelijke wijze den heer Wigman? Dat is onopgehelderd gebleven; dat weet niemand, althans het is niet bekend, dat iemand het weet. Hij stal niet; hij had geen persoonlijke bekendheid met het slachtoffer; hij, eenvoudig houthakker, maakte geen deel uit van eenig genootschap, het was geen fanatisme, en het was ten slotte geen zelfverdediging ook, – wat ter wereld was het dan?

Hij, Wangsa, is blijven ontkennen. God alleen wist, zei hij, wie de schuldige was; de menschen geloofden hem toch niet, en daarom wilde hij van den priester niet weten; het scheen dat God boos op hem was en hem strafte!

Dat hield hij vol tot het laatste moment.

Er kwam een einde aan de voorbereidende maatregelen; de beul met een zoo grooten mond, dat die een scheur leek van het eene oor tot het andere, stond in zijn donker baadje met zijn helpers gereed; in een halven cirkel voor het breede stadhuisbordes waren de witte pikeniers geschaard onder hun commandant; daarachter hier en daar wat europeanen en 't peloton cavalerie, verspreid om gedrang tegen te gaan en ruimte te houden; en verder de ontzaglijke massa inlanders, op den achtergrond, zelfs tot boven op de kappen van rijtuigen en dos-à-dos.

Rechts – de galg stond links – op het bordes was een peloton blauwe pikeniers opgesteld met tromslagen, en verderop, beneden aan de trappen, stonden de tamboers der witten.

Een oogenblik wordt aller aandacht buiten getrokken. Uit het stadhuis komt, den steek op 't hoofd en in groot tenue, de assistent-resident voor de politie, gevolgd door den stadsgeneesheer in zwarten rok; daarna de hoofddjaksa en andere inlandsche hoofden; zij stellen zich op tegenover de galg; een der schouten geeft het sein naar binnen; twee politie-oppassers leiden den veroordeelde naar buiten; het is niet noodig, dat zij hem vasthouden of ondersteunen; hij loopt zooals hij op zijn stoel gezeten heeft, kalm en bedaard, en hij kijkt niet eens naar de galg, maar links en rechts naar de toeschouwers.

Over het Stadhuisplein zweeft, als hij buiten komt, een lang en breed gegons; de vereenigde klank van duizenden: *itoe dia's* [dat is hem].

Wangsa wordt geplaatst tegenover de uitvoerende macht met den rug naar de galg; de hoofddjaksa treedt voor en leest het vonnis; hij ziet bleek en zijn hand, die het papier vasthoudt, beeft; de veroordeelde luistert onbeweeglijk, en als de voorlezing, door de autoriteiten met ontblooten hoofde aangehoord, uit is, maakt hij met vaste hand een soort militair saluut. Zóó, rustig en onbewogen, laat hij zich de handen binden vóór het lijf en achterom; gaat hij met vaste schreden de trappen op van het getimmerte des doods, en laat zich den strop van het touw om den hals doen.

Hij staart naar de stille grijze lucht, en heft zijn doodszang aan; eentonige, weemoedige klanken; arabische woorden uit den Koran, die hij niet begrijpt; waarvan hij alleen den algemeenen zin vat; zijn stem beeft evenmin als zijn ledematen, en als de laatste klagende toon van het lied in een zacht gemurmel is weggestorven, staat hij een oogenblik onbeweeglijk, met opgeheven hoofd en omhoog geslagen oog, terwijl het nieuwe touw van den strop een dreigende grijzen streep teekent op den sterken bruinen nek; dan geeft hij zelf met het hoofd het teeken, dat hij 'gereed' is.

Toch, hoe weinig zenuwaandoening bij Wangsa viel te bespeuren, kreeg hij het inwendig te kwaad; het was aan niets te zien dan aan de kleur van zijn gezicht; dat zag paarsch!

Op het Stadhuisplein was het zoo stil, als stond er geen sterveling in plaats van duizenden. Terwijl de handeling op het bordes van het stadhuis voorviel, nu en dan bij het lezen van 't doodvonnis door tromgeroffel vergezeld, hoorde men niets dan een paar elkaar kruisende, rommelende en bellende trams, onverschillig voortrijdend; een beeld van het *va et vient*; bij leven en dood, bij feest of terechtstelling, *up and down the city-road!* De moraal der mechanica!

Een paar kerels kruipen onder het rouwfloers; het valluik zinkt weg; met een doffen slag valt het lichaam in de strop om den hals; de kerels onder het rouwfloers trekken met alle macht aan de beenen van den gehangene; men ziet het aan de stille schokken van het lichaam; het hoofd neigt opzij; de beul, die het touw stil hield om het ronddraaien van het lichaam na het trekken aan de beenen te beletten, neemt den witten hoofddoek af en bindt dien voor het gelaat.

Na een paar minuten is de straf aan den moordenaar voltrokken; onbeweeglijk hangt hij te halverlijve boven het gat van 't valluik; de dokter constateert den dood, maar men laat Wangsa nog eenige minuten hangen *pour acquit de conscience;* dan wordt het lichaam afgelaten door het gat, in een baar gelegd en weggedragen.

C'est fini. Haast alle aanwezigen zijn onder de uitvoering bleek om den neus geworden; de pochers het meest. Een europeaan viel flauw in het residentiekantoor, een der pikeniers in 't gelid (men had zijn lans nog spoediger beet dan hemzelf!) en een inlandsche vrouw onder de menigte.

Toch maakt deze soort van doodstraf als zoodanig op de inlandsche bevolking een geringen indruk, en mist zij elke preservatieven werking. En over het geheel genomen doet deze erg onpractische en ouderwetsche opknooperij het op iedereen.

Hier was het een bijzonder geval; hier werd de indruk teweeg gebracht door de wijze, waarop deze gewone inlander wist te sterven; door het feit, dat hij rustiger en kalmer was dan 90% van de omstanders die bleven leven.

Aan den moordenaar van den ongelukkigen Wigman had ik, als gezegd, zoo het noodig was zelf het doodvonnis kunnen voltrekken; als een man, die in de moeilijkste omstandigheden met kalmte en gelatenheid weet te sterven, was Wangsa bewonderenswaardig.

THERÈSE HOVEN
Vrouwen lief en leed onder de tropen, 1896

De gewoonte van ongetrouwde Europese heren om in Indië troost en genot te zoeken bij een njai, een inheemse partner waarmee ze meestal niet trouwden, kon allerlei complicaties tot gevolg hebben. Nelly van der Elst, de hoofdpersoon uit Thérèse Hovens roman Vrouwen lief en leed onder de tropen, *kon daar over meepraten. Zij was een Haags meisje dat trouwde met een ondernemer uit Indië op verlof. In Indië aangekomen bleek haar echtgenoot een minder aangenaam mens dan hij in Holland had geleken. Toen vlak na de geboorte van hun kind haar man Theo ernstig ziek werd, vernam zij dat hij er voor hun huwelijk een njai op nagehouden had, bij wie hij ook een zoontje had. Het was haar eigen kokki Aïma. Max Wessels, de onder-administrateur op de onderneming en Nelly's steun en toeverlaat besluit voor Nelly's bestwil dat Aïma van de onderneming moet verdwijnen.*

Terwijl dus in het huis alles in diepe rust was, had er in de bijgebouwen een stormachtig tooneel plaats. Toen de heer Wessels zag, dat zijn chef sliep en voor het oogenblik zijn zorgen niet meer noodig had, was hij derwaarts gegaan om aan een der bedienden te gelasten, den volgenden ochtend zoo vroeg mogelijk den dokter te gaan halen. Daarna had hij kokki opgezocht om haar eens duchtig onder handen te nemen.

Ook hij vreesde, dat Nelly's verblijf in de echtelijke woning ondragelijk zou zijn, zoolang A ma op het land was; hij wilde dus trachten haar te doen vertrekken; was zij maar eenmaal weg, dan zou de verhouding tusschen de echtelieden waarschijnlijk wel beter worden. In elk geval was het raadzaam, ook in het belang van hun kind, dat zij bij elkander bleven.

De zaak was nu maar, hoe A ma weg te krijgen, en de heer Wessels was volkomen bereid zich daarvoor een belangrijke, geldelijke opoffering te getroosten, want hij wist wel dat klinkende munt het beste middel in zulk een geval is. Waarschijnlijk zou v.d. Elst wel de kosten dezer evacuatie willen dragen en zoo niet, welnu – dan had hij het er nog wel voor over om het arme jonge vrouwtje, voor wie hij zooveel sympathie gevoelde, het blijven bij haar man mogelijk te maken.

Na kokki te vergeefs in de keuken gezocht te hebben, liet hij zich door een der bedienden de kamer wijzen, die zij met haar kind bewoonde. Daar vond hij haar dan ook terneergehurkt op de matras, die hun als bed diende, en bezig het knaapje dat naast haar lag, iets in te geven, waartegen het zich echter schreiend verzette.

Toen de heer Wessels, wiens binnenkomen ze niet had opgemerkt, haar vroeg wat zij deed, vertoonde er zich zulk een duidelijke trek van angst en wanhoop op haar gelaat, dat hij er van ontstelde en begreep, dat er iets niet in de haak was. De vrouw staarde als wezenloos voor zich uit en was blijkbaar, wat de Javanen *bigoeng* noemen, d.w.z. 't hoofd kwijt. Plotseling vloog ze op en wilde de kamer verlaten; maar de heer Wessels, hierop voorbereid, vatte haar met forschen greep bij den arm en, haar dwingende weer te gaan zitten, vroeg hij streng, wat dit alles beteekende.

Eerst weigerde zij antwoord te geven, doch de heer Wessels was gewoon zich te doen gehoorzamen en onwillekeurig, als genoodzaakt door de kracht van zijn wil, deed zij hem een bekentenis, welke hem het bloed in de aderen deed stollen.

Ofschoon hij, na een bijna twintigjarig verblijf in de tropen, volkomen bekend was met Indische toestanden en hij reeds van alles had bijgewoond, schrikte hij toch van hetgeen deze Madoereesche hem vertelde. Ze bekende nl. dat zij op het land was terug gekomen, alleen met het doel om haar meester te vergeven, omdat hij een andere vrouw had genomen. Uit vrees, dat het ontdekt zou worden, als zij een krachtig middel nam, had zij het vergif gebruikt, dat het langzaamste doch tevens het zekerste werkt, nl. de fijne vezeltjes der bamboe. Deze verteren niet en veroorzaken langzamerhand een doodelijke maagkwaal. Dagelijks had ze een kleine hoeveelheid daarvan in de rijst gemengd, hopende dat de *njonja blanda* (blanke mevrouw) er ook van eten zou. Daar Nelly echter niet van de rijsttafel hield, was zij gespaard gebleven. Ze dacht dat het middel nu reeds zooveel kwaad had gedaan, dat Theodoor wel spoedig sterven zou en, daar ze bang was met de politie in aanraking te zullen komen en bovendien genoeg van de *soesah* had, was ze besloten nu ook zich zelve en haar jongen van het leven te berooven. Ze had een snelwerkend vergif gereed gemaakt en had er even, vóórdat de heer Wessels binnenkwam, zelve een sterke dosis van ingenomen, waarna zij trachtte er ook wat aan haar kind van in te geven, hetgeen echter door zijn onverwachte komst belet was geworden.

Terwijl ze dit vertelde, kreeg ze telkens hevige benauwdheden en met groote moeite bracht zij het verhaal ten einde. Het duurde dan ook niet lang of het vergif deed zijn werking heviger gevoelen en de schuldige vrouw gaf den geest onder hevige stuiptrekkingen. Haar laatste oogenblikken waren vreeselijk om aan te zien, doch haar doodsstrijd was gelukkig kort en, vóórdat de heer Wessels een weinig van zijn ontsteltenis bekomen was, was ze reeds de eeuwige rust ingegaan, zonder een kreet van smart te uiten, ofschoon haar lijden hevig was en, zonder een blik te slaan op het kind, dat met zijn groote oogen verwonderd rondkeek. Het eerste, wat de heer Wessels deed, was het knaapje te verwijderen, de zorg voor de doode aan de bedienden overlatende.

Gelukkig had het jongske den noodlottigen drank nog niet ingenomen en, hoewel het hevig schreide, besefte het niet, wat er om hem voorviel. Het ging dan ook gewillig met zijn redder mede, die het in de administrateurs-woning bracht. Wèl was hij bang dat Nelly bij het zien van het kind zou ontstellen, doch hij wilde het niet in de bijgebouwen aan de zorgen der bedienden overlaten en zijn eigen woning was te ver weg om het daarheen te brengen. Bovendien was het inmiddels laat geworden en was hij reeds te lang van den zieke weg geweest.

Toen hij in de kamer van zijn chef kwam, na het kleine ventje op een bank in de binnengalerij te hebben gelegd, vond hij den patiënt nog slapende. Ook Nelly sluimerde rustig door en hij vond dit zulk een verblijdend verschijnsel, dat hij zich onhoorbaar weder verwijderde, na Sidin, die op dat oogenblik wakker was, te hebben gewenkt om hem te volgen. Hij beval hem een bed voor A ma's kind gereed te maken en wel in een der zijkamers, waar Nelly het niet zien zou.

Nadat hij aldus voor een en ander gezorgd had, verkwikte hij zich met een teug wijn en overlegde wat het beste zou zijn nu te doen. Als kokki's verhaal waar was, – en er was geen reden om er aan te twijfelen, – dan was v.d. Elst verloren. Hetgeen hij dien middag en de laatste weken had bijgewoond, deed hem zelfs vermoeden, dat zijn einde niet verre meer was.

Natuurlijk zou hij een dokter laten komen, doch hij wist bij ondervinding, dat de Europeesche kunst zwichten moet, waar de Indische natuur met zulke middelen gewerkt heeft. Zijn chef was dus tot een vroegtijdigen dood gedoemd en zijn vrouw en kind zouden spoedig weduwe en wees zijn.

Ongelukkige Nelly! Arme, kleine Dora!

Wat is het leven toch treurig en hoe zwak zijn wij, waar het geldt het lijden onzer medemenschen te verzachten. Hoe gaarne de heer Wessels ook alles in het werk zou hebben gesteld om den dreigenden slag van het huis zijns chefs af te wenden, hij gevoelde zich tegenover deze omstandigheden volkomen machteloos.

De weken, die nu volgden, waren wel de moeielijkste uit Nelly's leven en dikwerf vroeg ze zich later af, wat ze toch gedaan zou hebben zonder den onder-administrateur, die niet alleen de zaken op het land voor zijn chef waarnam, doch haar ook in andere opzichten als een broederlijke vriend bijstond. Hij dacht om alles en niets was hem te veel, waar het haar belang of dat van haar kindje gold. Met de uiterste voorzichtigheid deelde hij haar kokki's bekentenis en haar rampzalig sterven mede, zoodat zij voorbereid was op de uitspraak des geneesheers, die, na hetgeen hij gehoord had, de ziekte-verschijnselen beter begreep dan zijn collega te Malang. Ook was de kwaal in die maanden zóó toegenomen, dat het niet moeielijk meer viel de verschillende symptomen te herkennen. De arts deed alles om het lijden van den patiënt te verzachten, herstelling was niet meer mogelijk. De benauwdheden namen in hevigheid toe en volgden elkander sneller op, naarmate het einde naderde. Slechts nu en dan was de zieke eenige uren bij kennis en daarvan maakten Nelly en de heer Wessels gebruik om hem zijn zaken te doen regelen. De dokter had hem zijn toestand niet verheeld en hij wist dat zijn dagen geteld waren. Zoodra hij zich hiervan bewust was, kwam er een groote verandering over hem en het scheen wel, dat hij behoefte gevoelde een goeden indruk bij zijn vrouw en ook bij zijn vriend achter te laten.

Zijn teederheid voor Nelly werd met het uur grooter en het was, alsof hij haar thans eerst leerde waardeeren. Geen minuut kon hij zonder haar en hij wilde slechts door haar verzorgd worden. En zij? Ze was te zeer vrouw om hem niet terstond alles te vergeven en elke bittere gedachte uit haar hart te verbannen. Urenlang kon ze naast zijn sponde zitten, met het kindje op haar schoot, waarin de vader nu ook veel belang stelde.

Het waren innig treurige dagen en toch niet de ongelukkigste, welke de verzoende echtgenooten zoo doorbrachten. Theodoor was, behalve als hij die benauwdheden had, kalm en scheen, met de eigenschap van een zieke, slechts voor het oogenblik te leven en aan geen toekomst te denken. Nelly was dankbaar voor den ommekeer in zijn gevoelens jegens haar en schonk hem thans uit medelijden de liefdeblijken, welke zij hem vroeger uit liefde bewees.

Geen van beiden sprak een woord over A ma; alleen verzocht Nelly hem dringend haar kind, dat toch ook het zijne was, te wettigen, tevens belovende er voor te zullen zorgen en het met de kleine Dora te zullen grootbrengen. Op haar verzoek ging de heer Wessels er voor naar Malang en nam er uit naam van den vader de noodige maatregelen voor. Als bizondere gunst vroeg hij er peet over te mogen worden en den Javaanschen naam van Ming, dien de kleine jongen tot dusverre gedragen had, in zijn eigen naam te mogen veranderen.

Zoowel Theodoor als Nelly namen hier genoegen mede

en zoo bleef het ventje in de administrateurswoning en zou Max v.d. Elst nooit weten, dat hij vroeger Ming was geweest. Daar het een aanhalig kind was, hechtte Nelly er zich spoedig aan en bleef zij het steeds als een legaat van haar man beschouwen. Zij rekende het zich tot plicht aan zijn zoontje goed te maken, wat hij als vader verzuimd had.

Nog geen drie weken waren er na haar terugkomst verloopen, toen Nelly als jonge weduwe bij het sterfbed van haar man stond. Zijn uiteinde was kalm geweest en in haar armen had hij den geest gegeven.

HENRI VAN WERMESKERKEN
Het einde van Gramser Brinkman, 1915

In mei 1912 werd in een rivier in Batavia het verminkte lijk van een jonge prostituee gevonden, Fientje de Feniks. Er werd een verdachte opgepakt en voor het gerecht gevoerd. Het bleek echter onmogelijk om de bewijzen tegen deze Gramser Brinkman, een Indo-Europeaan, rond te krijgen, en hij werd vrijgesproken. De zaak kreeg veel aandacht in de plaatselijke pers. Dit zou nog toenemen toen drie jaar later dezelfde Gramser Brinkman weer werd gearresteerd in verband met een nieuwe moord. Overtuigd dat hij wederom de dans zou ontspringen trad hij zijn rechters tegemoet. Des te groter was de klap voor hem toen de rechters het feit bewezen achtten en hem tot de strop veroordeelden. Zelfs toen nog weigerde hij te geloven dat hem een smadelijke dood aan de galg wachtte. In het Weekblad voor Indië *deed de journalist Henri van Wermeskerken verslag van de rechtszaak en het vervolg daarop.*

– 'Maar het *gààt* toch niet, dat ik aan den galg moet sterven! Hebben ze dan geen *medelijden* met me? Ja, ik ben heel schuldig geweest, maar – de galg? is er dan niemand, die medelijden heeft en mij vergif wil geven. Toe help me dan, o god help me, heb dan medelijden.'

Zoo heeft Brinkman den laatsten dag en nacht van zijn verwoeste leven gesmeekt en gebeden! En ik heb dit uit den mond van iemand, die hem voortdurend gehoord heeft, tot wien de smeekbeden vaak gericht waren.

Den eersten dag, na de aanzegging was hij stil en in zichzelf gekeerd geweest, de oude trots en de schijnbare onverschilligheid hadden nog de overhand. Maar toen de avond kwam, was hij begonnen te huilen, steeds hartstochtelijker. Zonken zijn trots en overschilligheid, en tevens de hoop dat zijn leven zou zijn gered en het vertrouwen in zijn goede gesternte. Het drong toen klaar tot hem door dat hij sterven moest. Maar aan den strop geloofde hij niet.

Hij had vele relaties – (gehad), leefde lang in de overtuiging dat die hem wel van den strop zouden redden. Toen deze hoop verloren, was, bleef hij wonderlijk vast overtuigd dat die hem, als men zijn leven eischte, toch wel vergif zouden doen toedienen, ongemerkt, zelfs buiten zijn eigen medeweten, uit medelijden. En dat geloof was zòò vast, dat hij den eersten dag van de aanzegging, meende dat het reeds in het hem voorgezette eten was gemengd... zoodat hij het zeer voorzichtig gebruikte, eerst zeer weinig, en na een poos wat meer, maar steeds aarzelend.

De angst voor den dood! Beter zou het zijn als het morgen geschiedde – een volle dag langer leven was zeer veel voor een ter dood veroordeelde. Maar toen het voedsel hem niet schaadde, kwam daar fel tegenin de angst voor den strop. Den volgenden dag na het gebruik van eenig voedsel, kreeg hij zelfs krampen en brakingen en meende hij, dat men hem reeds vergiftigd had. Toen heeft hij een dokter laten roepen, om hem weer te redden van – den dood, dien hij vreesde. De suggestie en de zenuwen hadden daarbij echter alleen een rol gespeeld. Toen men hem geruststelde en weer alleen liet, kwamen hysterischer de huilbuien, bijna onophoudelijk, met kleine tusschenpoozen.

De tweede nacht ging in en de derde dag rees. Hij hoopte toen nog maar vaag. Men zou hem immers pijnloos dooden, met opium. Dat was het wat hij verwachtte, wat hem schijnbaar beloofd was.

De laatste dag. Zijn angst voor den strop en een moeilijken pijnvollen dood werd toen zoo geweldig dat hij zich niet meer beheerschen kon. Luid huilend smeekte hij al maar, om hem niet aan den galg te laten sterven, dat ging toch niet. Was er dan niemand die medelijden met hem had? Hij was toch een Europeaan, dien liet men niet aan den galg sterven. Waar bleven de tegenstanders van de doodstraf? God, hij wàs schuldig – hij wilde het graag bekennen maar kon men dan geen medelijden hebben, hem pijnloos doen inslapen om nooit meer te ontwaken. Was de wereld dan zoo wreed en wraakzuchtig?

Opmerkelijk was dat eerst vaste, maar steeds minderende vertrouwen, dat zijn 'vrienden' zijn ophanging zouden voorkomen. Het was als een felle teleurstelling in de wereld en in zijn vrienden. Zijn wachters, den cipier, den directeur, ieder die maar in zijn nabijheid kwam, smeekte hij medelijden te hebben. Hij zocht combinaties om het mogelijk te maken, noemde de namen van menschen die veel geld zouden geven als men vergif doorliet of daar haalde, gaf middelen aan, waardoor het nooit ontdekt of gemaskeerd kon worden.

En met het uur steeg zijn angst, tot die een soort van krankzinnigheid werd. Alle lafheid die in hem was, trad op den voorgrond. De schijnbaar kalme, sterke, gevreesde Brinkman verdween, hij werd een zwak, slap, kneedbaar wezen, een klein kind, bang in donker en schreiende van vrees. De donkerte, die hij naderen zag in den dood!

En voor het eerst bekende hij, tegen ieder die het hooren wilde... als men maar medelijden had. Medelijden! Met tranen poogde hij van de wachters en de wereld de barmhartigheid en het medelijden af te smeeken, die hij zelf niet met zijn slachtoffers had gehad.

Pastoor Ryckevorsel was heengegaan, men had hem alleen gelaten – weer alleen met zijn angsten. En de verwachte pijnlooze dood, het ongemerkt ophouden te bestaan kwam nog maar niet, hij leefde nog, voelde elke zenuw in zich beven van angst, braakte van overspanning, terwijl de keel hem reeds als toegeschroefd werd van angsten.

Volgens mijn zegsman moet hij, toen alle hoop gevloden was, ten laatste, uit angst de hand aan zichzelf hebben geslagen. De schildwacht hoorde hem wel scharrelen, maar dat had hij den geheelen nacht al gedaan. Hij had er geen aandacht aan gewijd. Toen de bewakers van het mandiën [baden] terugkeerden, hing hij aan een stuk van zijn sprei, dat bevestigd was aan een stijl van het raam boven het hoofdeinde van zijn bed, achter de klamboe, de voeten een handlengte van den grond.

Hoe Brinkman aan zijn einde gekomen is, kan hier in het midden worden gelaten. Wat de sectie op het lijk uitgewezen heeft, wordt nog geheim gehouden om het onderzoek niet te belemmeren. Alleen is *dit* zeker, dat de toestand waarin het lijk gevonden is, de autoriteiten zeer verdacht is voorgekomen, dat een onderzoek ingesteld werd wijl men vermoedde, dat hem door den een of ander òf vergif òf verdoovende middelen waren toegediend en hij daarna op de boven omschreven wijze opgehangen is. Een schrammetje aan den hals, de weinige onderhuidsche bloeduitstorting, de totale afwezigheid van bloeduitstortingen naar buiten uit neus en mond en nog enkele andere omstandigheden meer, gaven dit vermoeden grond van gewettigdheid. Mogelijk hooren wij daar meer van! Zeer opmerkelijk blijft het vaste vertrouwen dat Brinkman had en zelfs geuit heeft, dat hij niet door beulshanden zou behoeven te sterven.

Zoo eindigde een leven, dat voorbeschikt was om misdadig te zijn.

Toch is het mij bijzonder opgevallen, (en ook in het talentvolle artikel van den heer J. Koning in het vorige *Weekblad*

'De beul Siloen (in het midden) die danig heeft opgespeeld dat hem nu het hang-handgeld ontging, waarvan hij bij voorbaat reeds een *slamatan* [dankmaaltijd] had gegeven'

schemert die gedachte door) dat zinnebegeerte en hartstocht daaraan een groot deel hadden, zoo niet de aanleidende oorzaak waren. Mijn indruk – en ik heb de twee processen van het begin tot het einde meegemaakt – is en blijft, dat Brinkman geen slachtoffer is geweest van zijn hartstochten, maar de twee *ontdekte* moorden, (want er zijn vele omstandigheden die er op wijzen dat dit niet de eenige waren), enkel gedaan heeft om iets uit den weg te ruimen, dat hem een hinderpaal kon worden. Fientje de Feniks wist van zijn knoeierijen met aannemers van Gouvts Bedrijven, die hem in staat stelden groot te leven, en A sa, armzaliger editie wist van zijn diefstallen en inbraken. Deze hinderpalen heeft hij eenvoudig uit den weg geruimd, op zijde geschopt om vrij baan te hebben, om zijn carrière eerst als ambtenaar, later als inbreker niet te belemmeren. En er zijn ambtenaren, die er met huivering aan denken, dat ze *boven* hem hebben gestaan, dwars in zijn weg naar promotie. Zoo, en niet anders moet men Brinkman zien.

Ik ben zeker dat hij zichzelf niet eens zoo heel schuldig heeft gevonden alleen een slachtoffer van de ongelukkige omstandigheid, *dat het uitkwam*: en dat hij in zich de overtuiging had, dat velen ongestraft zoo hebben gehandeld als hij. En nòg handelen! Dat zijn eenige berouw is geweest: dat hij het verkeerd heeft aangelegd. Misschien komt er nog meer aan het licht, nu velen, wien de mond door angst voor Brinkman gesnoerd was, zullen *durven* spreken. Het ziet er naar uit of door zijn dood, door dezen *geheimzinnigen* dood, de spons nog niet gehaald is over zijn verleden.

Zijn dood kan niet àlles uitwisschen... Twee zijner slachtoffers zullen dezer dagen naar de gevangenis te Semarang worden overgebracht, Söffing, de jongen, die in de gevangenis nog een brief van zijn moeder in Duitschland kreeg, toch op te passen niet in aanraking met en onder invloed van slecht gezelschap te komen, Hauben die zijn positie verloor en zijn kind nu onverzorgd moest achterlaten.

De eerste zal twintig jaren, de tweede slechts 18 maanden zijn beeld voor oogen zien. En daarna nog, het geheele lange leven door.

Een doode, die geen rust zal vinden.

Maar stil, – toch een doode!

Met de hierbij gevoegde foto's heb ik zooveel mogelijk een beeld pogen te geven van wat die emotie-volle Vrijdag voor Weltevreden geweest is. De menigte voor de gevangenis, de diverse autoriteiten en het schandaaltje dat ontstond bij het vervoer van het lijk,... de joelende menigte voor een doode. En eindelijk de begrafenis.

Zoo rumoerig en wild bewogen Brinkman's leven was, zoo plechtig en stil was zijn uitvaart. Het publiek dat gemeend had dat hij 's avonds te voren zou worden begraven, was toen voor het kerkhof saamgestroomd, had er een soort van feestje van gemaakt, soldaten met hun njai's [concubines] en nontonnende [kijkende] inlanders... warongs [kraampjes] etc., maar was teleurgesteld weer kunnen heengaan.

Zaterdagsmorgens in de vroegte om 7 uur verliet de begrafenisstoet, derde klasse, heel in stilte en langs een omweg, in wat sneller tempo dan bij een gewone begrafenis, het hospitaal. De uitvaart van Brinkman. Zijn moeder had geweigerd het lijk in huis te nemen. Volgens zijn verdediger moet echter Brinkman eenige dagen voor zijn dood gevraagd hebben vanuit het hospitaal te mogen worden begraven. Mr. Fruin deelde mij dat zelf mede, maar het komt mij voor, dat hij dit enkel zeide om de weigering der moeder te maskeeren. Want het zou zeer verdacht zijn als Brinkman aldus van te voren zou hebben geweten dat zijn lijk ter sectie naar het hospitaal zou worden gebracht.

Om half acht draaide de begrafenisstoet de kerkhoflaan in en reed bij de groote poort voor. Alles ging snel zwijgend en stil. Niemand bijna wist dat hij op dat uur zou worden begraven. Een tiental politiemannen in het wachthuisje verborgen hoefden geen dienst te doen. Uit het eenige volg-

'plechtig en stil was zijn uitvaart'

rijtuig stapte alleen mr. Fruin, die Brinkman geheel belangeloos en met veel talent verdedigd heeft. De eenige krans op de baar, was de zijne.

Zes dragers namen de baar op de schouders, snel en zwijgend ging het over het stille kerkhof naar de geopende groeve, waaraan alleen mr. Fruin, twee commissarissen van politie en twee journalisten stonden... Nog even bonkten de kluiten aarde op het zwarte hout... Dan werd het stil... wees enkel een kleine heuvel de plek aan, waar een veelbewogen leven ter ruste was gegaan. Een vredig plekje, te midden der andere dooden. Gelukkig geen straf nà den dood.

Zwijgend, en onder den indruk, gingen we heen. Zijn begrafenis had dan tenminste iets *plechtigs* gehad. En toen ik vandaag toevallig langs den kleinen grafheuvel moest, bleef ik een oogenblik in verwondering staan.

Bloemen... De kleine heuvel was gedekt met versche

kransen, in liefde geschikt, naar alle zijden.
 Bloemen,... mogelijk ook van zijn moeder.
 Zoo is het goed.
 Hem is dan veel vergeven..

Verantwoording

Teksten

Zeden van de Molukken en Oost-Java
Jacobs, Hubert Th. Th. M.
1971 *A treatise on the Moluccas (c. 1544) probably the preliminary version of António Galvão's lost História das Molucas*. Rome: Jesuit Historical Institute, pp. 89, 93, 171-3. Vertaald door Frits Sollewijn Gelpke.

Beschrijving der zeden en gewoonten van de bewoners der Minahassa
Robertus Padtbrugge
1866 'Beschrijving der zeden en gewoonten van de bewoners der Minahassa door den gouverneur der Molukken Robertus Padt-Brugge, 1679', *Bijdragen tot de Taal-, Land- en Volkenkunde* 13:304-31, pp. 317-9.

Kannibalisme en wraak op de Ambonse eilanden
François Valentijn
1724 *Beschryving van Amboina, vervattende een wydlustige verhandeling van het zelve, en van alle de eylanden, daar onder behoorende, te weten, van 't groot eiland Ceram, Boero, Amboina, Honimoa, Noessa-Laoet, Oma, Manipa, Bonoa, Kelang, en meer andere eylanden, in het werk voorkomende, behelzende een treffelyke landbeschryving van alle die eylanden, volgens zeer nette kaarten; mitsgaders een verhaal van de gewoonten, zeden, en plegtigheden van de inwoonders der zelven; En een omstandig verhaal van de oudste wereldlyke geschiedenissen, en zaaken, in Amboina, en in alle de voorschreven eylanden, tot nu toe voorgevallen met zeer veel nette*

prentverbeeldingen verciert, en opgeheldert. Dordrecht: Van Braam, Amsterdam: Onder de Linden, pp. 83-4, 179-80.

De dood van Georg Müller
Anoniem
1849 'De dood van George Muller', *Tijdschrift voor Nederlandsch Indië* 11, I:139-48, fragmenten van pp. 139-40, 143-148.

Een feest in Gianjar op het eiland Bali
R. Friederich
1849 'Een feest in de hoofdplaats van het rijk Gianjar op het eiland Bali', *Tijdschrift voor Nederlandsch Indië* 11:421-9, fragmenten.

De les van Kunawaruku
Een Engelstalige versie van dit verhaal verscheen in:
Cees Koelewijn (met Peter Rivière)
1987 *Oral literature of the Trio Indians of Surinam*. Dordrecht/ Providence: Foris [KITLV, Caribbean Series 6], p. 283.

Oroenoko of de koninklijke slaaf
Aphra Behn
1983 *Oroenoko of de koninklijke slaaf*. Vertaald door Albert Helman. Amsterdam: De Arbeiderspers, fragmenten van pp. 112-121.

Marrons nemen wraak
Richard Price
1990 *Alabi's world*. Baltimore/London: Johns Hopkins University Press, fragmenten van pp. 6-9. Vertaald door Gert Oostindie.

De Chinezenmoord in Batavia
Anoniem
1741 *Omstandig en allernaeuwkeurigst verhaal van den oorsprong, begin, voortgang en gelukkige ontdekkinge van het vervloekt en schelms verraadt, gesmeedt tegen de Ed: Oostindische Compagnie, ende alle Europeanen, door de Chineesen, zoo in de stadt Batavia, als in de Bovenlanden zich onthoudende, mitsgaders*

het ombrengen van meer dan tienduyzent Chineesen daarop gevolgt, behelzende een dagverhaal, van omtrent twee maenden tyts, beginnende met den 26. September 1740 en vervolgens door een zeer aenzienlyk heer met de laetste retour-schepen overgezonden. Utrecht: Evelt, pp. 11-2, 15-6, 19-21, 23-4, 27, 28.

Excessen van de Surinaamse slavernij
John Gabriel Stedman
1799-1800 *Reize naar Surinamen, en door de binnenste gedeelten van Guiana.* Amsterdam: Allart, deel I, pp. 147-51, deel II, pp. 241-4.

De Curaçaosche slavenopstand
Philip Phoel
1825 'De grote slavenopstand in 1795', *De Curaçaosche courant*, 9 en 16 april 1825.
Deze tekst is gebaseerd op de uitgave in: Wim Rutgers (red.), *Tropentaal; 200 jaar Antilliaanse vertelkunst.* Amsterdam: Contact, 2001, pp. 116-25.

De dood van Thomas Matulesia en Martha Christina Tiahahu
Q.M.R. Verhuell
1835-36 *Herinneringen van eene reis naar de Oost-Indien.* Haarlem: Loosjes, deel I pp. 242-5, 268-72, deel II pp. 1-3.

Opstand van contractarbeiders neergeslagen, Mariënburg
Koloniaal Verslag over 1902. Handelingen der Staten-Generaal 1903-1904. Bijlage C II Suriname, pp. 59-60.

Sex, geweld en poëzie in Zuid-Celebes
Roger Tol
1990 *Een haan in oorlog, Toloqna Arung Labuaja; Een twintigste-eeuws Buginees heldendicht van de hand van I Mallaq Daéng Mabéla Arung Manajéng.* Dordrecht/Providence: Foris [KITLV, Verhandelingen 141], pp. 259-63.

De puputan in Badung
H.M. van Weede
1908 *Indische reisherinneringen.* Haarlem: Tjeenk Willink, pp. 460-77.

Vrede en orde op Atjeh
Wekker
1907   *Hoe beschaafd Nederland in de twintigste eeuw vrede en orde schept op Atjeh.* 's-Gravenhage: Avondpostdrukkerij, pp. 23-6, 56, 60-1.

De moord op zendeling Van de Loosdrecht
W. Bieshaar
1926   *Gedenkboek; De Gereformeerde Zendingsbond na 25 jaren.* Z.p.: z.n, pp. 125-31.

Rellen in Paramaribo rond Anton de Kom
De Banier van Waarheid en Recht, 4, 8 en 18 februari 1933.

De moorden van Fort Zeelandia
J.E. Stulemeyer
1978   *Kamptoestanden in Nederlands Oost-Indie en Suriname 1940-1946; Een doorgaans onbekende historie, die toch ons allen aangaat; getuigenissen en commentaren.* Amsterdam: De Pauw, pp. 53-5.

De bersiap-periode
Fragmenten uit een interview met mw. L.J.E. Laan-Von der Oelsnitz op 3 oktober 1997 door de Stichting Mondelinge Geschiedenis Indonesië (SMGI), nummer 1124.2. De audio-archieven van SMGI zijn te raadplegen op de afdeling Historische Documentatie van het KITLV te Leiden.

Surabaja
Idrus
1952   'Surabaja', *Oriëntatie* 44:458-84. Vertaald door P.I. Naipospos en W. le Fèbre, pp. 460-3.

De executie van Amir Sjarifuddin en zijn kameraden
D.N. Aidit
1964   *Aidit menggugat Peristiwa Madiun (pembelaan D.N. Aidit dimuka Pengadilan Negeri Djakarta, tgl. 24 Februari 1955).* Djakarta: Jajasan Pembaruan, pp. 33-5. Vertaald door Harry A. Poeze.

Verwoestende epidemie op de Molukken
Jacobs, Hubert Th. Th. M.
1971   *A treatise on the Moluccas (c. 1544) probably the preliminary version of António Galvão's lost História das Molucas*. Rome: Jesuit Historical Institute, pp. 179-81. Vertaald door Frits Sollewijn Gelpke.

Reuzenslang op de vulkaan Gunung Api
Johann Sigmund Wurffbain
1931   *Reise nach den Molukken und Vorder-Indien 1632-1646; Neu herausgebeben nach der zu Nürnberg im Verlag von Johann Georg Enter im Jahre 1686 erschienenen original-ausgabe*. Haag: Nijhoff [Reisebeschreibungen von deutschen Beamten un Kriegsleuten im Dienst der niederländischen West- und Ost-Indischen Kompagnien 1602-1797 8], pp. 94-5. Vertaald door Sirtjo Koolhof.

De schrickelijke aerdbevinge
G.E. Rumphius
1675   *Waerachtigh verhael van de schrickelijcke aerdbevinge, nu onlanghs eenigen tyd herwaerts, ende voornaementlijck op den 17. February des Jaers 1674 voorgevallen, in en ontrent de eylanden van Amboina, mitsgaders ongehoorde watervloeden, droevige ongelucken, en wonderlijcke bysonderheden, &c daerop gevolght, gelijck sulcx in het Dagh-Register van dien, neerstigh en omstandigh aengeteyckent staet, en uytgetrocken is, als mede autentyque extracten van brieven over het selve, alles met het laetste schip de Vrye-zee bericht en bekent gemaeckt*. Z.p.: z.n., fragmenten van pp. 4-10.

Het gebrul van tijger
R.J.L. Kussendrager
1841   *Natuur- en aardrijkskundige beschrijving van het eiland Java*. Groningen: Oomkens, pp. 108-12.

Een rampzalig mislukte poging tot kolonisatie in Suriname
Julius E. Muller en C. Hoekstra
1895   *1845–21 juni–1895; Het vijftigjarig jubilé der boeren in Suriname*. Paramaribo: Heijde, fragmenten pp. 3-8.

De uitbarsting van de Krakatau
Anoniem
1884   *Verslag van het Centraal Comité voor de noodlijdenden door de uitbarsting op Krakatau (tweede stuk)*. Batavia: Kolff, bijlage pp. 5-9, 16-7.

Gele koorts
M.Th. Hijlaard
1978   *Zij en ik*. Paramaribo: Bureau Volkslectuur, pp. 78-81.
Deze tekst is gebaseerd op de uitgave in: Michiel van Kempen (red.), *Mama Sranan; 200 jaar Surinaamse vertelkunst*. Amsterdam: Contact, 1999, pp. 224-6.

Muiterij op de Batavia
Anoniem
1630   *Droevighe tijdinghe van de aldergouwelijckste* [sic] *moordery, geschiet door eenighe matrosen op't schip Batavia, ende uyt wat oorspronck het selfde geschiet is; mitsgaders wat loon dat de voornaemste autheurs hier voor ontfangen hebben; wonderlijck om te lesen. Met een droevich claech-liedt, ghemaeckt van de voornoemde moort*. Rotterdam: Fransz, pp. 3-4.

Een moord op Aruba
G.B. Bosch
1829   *Reizen in West-Indië*. Utrecht: Van der Monde, deel I, fragmenten van pp. 15-25.

De terechtstelling van Wangsa
Gerard Termorshuizen
2000   *Een moord in Batavia of het ritueel van de macht*. Voordracht uitgesproken bij de afsluiting van HOVO-colleges 1999-2000 aan de Universiteit Leiden op 29 mei 2000. Leiden: Universiteit Leiden, pp. 16-21.

Vrouwen lief en leed onder de tropen
Thérèse Hoven
1896   *Vrouwen lief en leed onder de tropen*. Amsterdam: Veen, pp. 243-7, 249-51.

Het einde van Gramser Brinkman
Henri van Wermeskerken
1915   'Het einde van Gramser Brinkman', *Weekblad voor Indië*, 3 oktober 1915.

Afbeeldingen

p. 33
Charles Hose en William McDougall
1912   *The pagan tribes of Borneo; A description of their physical, moral and intellectual condition with some discussion of their ethnic relations.* London: Macmillan, deel I: plaat 105.

p. 40
H.I.R. Hinzler
1987   *Catalogue of Balinese manuscripts in the Library of the University of Leiden and other collections in the Netherlands; Part I Reproductions of the Balinese drawings from the Van der Tuuk collection.* Leiden: Brill/Leiden University Press, Cod.Or. 3390-147.

p. 44
Th. de Bry
1979   *De ontdekking van de Nieuwe Wereld.* Amsterdam: Van Hoeve, plaat 20.

pp. 58, 60
Leonard Blussé
1986   *Strange company; Chinese settlers, mestizo women and the Dutch in VOC Batavia.* Dordrecht/Providence: Foris [KITLV, Verhandelingen 122], blz. 92.

p. 67
John Gabriel Stedman
1988   *Narrative of a five years expedition against the revolted negroes of Surinam.* Baltimore/London: Johns Hopkins University Press, p. 105.

p. 73
Gert Oostindie (red.)
2001   *Facing up to the past; Perspectives on the commemoration of slavery from Africa, the Americas and Europe.* Kingston: Randle, Den Haag: Prince Claus Fund Library, p. viii.
(Still van documentaire 'Desenkadena' van Gloria Lowe.)

p. 104
Albert Hahn, in *Zondagsblad Het Volk*, 28 oktober 1906.

p. 116
Een officier van het Nederlands-Indisch Leger in actieven dienst
1896   *De Atjeh-onlusten in 1896*. Rotterdam : Nijgh & Van Ditmar, omslag.

pp. 108, 111
Foto's van de hand van H.M. van Weede, berustend bij de afdeling Historische Documentatie van het KITLV, fotonummers 10.083 en 10.084.

p. 118
Albert Hahn, in *De Notenkraker*, 17 mei 1908.

p. 126
W. Bieshaar
1926   *Gedenkboek; De Gereformeerde Zendingsbond na 25 jaren*. Z.p.: z.n, p. 129.

p. 152
KITLV, Hisdoc, fotonummer 25.345.

p. 166
Henry O. Forbes
1885   *A naturalist's wanderings in the Eastern Archipelago; A narrative of travel and exploration from 1878 to 1883*. London: Sampson Low, tegenover p. 223.

p. 176
R.D.M. Verbeek
1885   *Krakatau; Album van Straat Soenda, genomen twee maanden na de uitbarsting van Krakatau*. Brussel: Nationaal Aardrijkskundig Instituut, afbeelding 11 en 12.

p. 216, 219
Weekblad voor Indië, 3 oktober 1915.

De samenstellers van deze bundel hebben getracht alle eventuele rechthebbenden van het opgenomen materiaal te achterhalen teneinde toestemming tot overname te vragen. Dit is niet in alle gevallen gelukt. De samenstellers verontschuldigen zich daar bij voorbaat voor.

www.ingramcontent.com/pod-product-compliance
Ingram Content Group UK Ltd.
Pitfield, Milton Keynes, MK11 3LW, UK
UKHW041259180426
11947UKWH00008B/564